U0750004

会计学辅导

罗金明　胡　霞　主编

浙江工商大学出版社

前　　言

"经济越发展,会计越重要",会计信息对经济管理决策和控制的作用日益显著。所有准备从事经济、管理工作的学生都应该掌握会计这一"国际通用的商业语言",以提高自己的经济、管理乃至工程技术水平。会计学是实用性、技术性很强的应用性学科,只学习会计理论不进行习题练习与操作训练,是无法真正理解其基本方法与技能的。因此,我们总结多年来的会计教学经验,编写了《会计学》、《会计学习题集》两本相互配套使用的教材,并建设了内容丰富的课程网站,以满足经济、管理类等非会计专业学生学习会计学课程的需要。

本习题集是罗金明教授主持的国家级精品课程《会计学》的配套用书。习题集根据会计课程内容的特点,突出非会计专业学生学会计、用会计的教学需要,按照教材的章节顺序编写,每章有填空题、单项选择题、多项选择题、判断改错题、计算分析题、业务题和案例分析题等,并附有参考答案和模拟试卷,供学生练习与讨论使用。学生在使用本习题集时,要认真学习教材,多加思考,独立地完成习题,最后再对照答案。如果还有疑难,再与同学讨论或请教老师。通过习题练习和案例分析,能帮助读者比较透彻地掌握各章的基本原理和基本方法,提高会计知识的灵活应用水平。

为便于学习本课程内容,读者可以登录《会计学》国家精品课程网站(网址:http://www.gsjczx.com/kjx/),也可以在教育部国家精品课程建设网站(www.jpkcnet.com)检索、登录本课程网站,使用本课程配套的教学课件,进行在线测试,共享国家级精品课程网站丰富的教学资源。

本习题集由浙江工商大学罗金明教授和胡霞副教授担任主编。

全书共十一章，第一章和第十一章由罗金明老师编写，第二章由颜淑姬老师编写，第三章由绍兴文理学院胡素华老师编写，第四章和第七章由陈引老师编写，第五章由胡霞老师编写，第六章由苏芝老师编写，第八章由黄曼行老师编写，第九章由徐金仙老师编写，第十章由叶雪芳老师编写；第一、二套模拟试卷由胡霞老师编写，第三、四、五套模拟试卷由陈为人老师编写。罗金明老师、胡霞老师对全书进行了校对、总纂。

由于会计准则及相关法规不断推陈出新，再加上编者水平有限，本书可能存在滞后和不足，恳请读者批评指正，以便于编者再版时修正。

编　者

2011 年 11 月 25 日

目　　录

练　习　题

第一篇　基础理论与核算方法

第二篇　基于要素的计量与确认

第三篇　财务会计信息的披露与报告

模拟试卷

第一章 总 论

一、填空题

1. 会计的基本职能是________和________。

2. 企业会计确认、计量和报告应以______________作为基础。

3. 会计核算的基本前提有：货币计量、__________、__________和__________。

4. 谨慎性原则要求：不得高估__________________，不得低估________________。

5. 企业在对会计要素进行计量时，可以采用__________、__________、__________、__________和__________。

二、判断改错题

1.(　　)会计方法的更新独立于社会经济环境的活动。

2.(　　)一般说来，法律主体必然是会计主体，但会计主体并不一定就是法律主体。

3.(　　)由于有了会计分期，才产生了权责发生制和收付实现制。

4.(　　)企业由于未来发生的交易形式的义务，应当作为负债处理。

5.(　　)企业通常应采用公允价值计量。

6.(　　)谨慎性原则是要求会计人员在记账时,要保持谨慎小心的态度。

7.(　　)重要性原则阐明会计信息很重要。

8.(　　)可比性原则不仅要求企业之间横向可比,同时也要求同一企业纵向可比。

9.(　　)没有会计要素,会计信息和会计报表无法成立。

10.(　　)流动资产中的材料与固定资产的区别在于使用时间长短方面。

11.(　　)所有者权益是指企业所有者的全部投资。

12.(　　)我国会计年度为每年公历1月1日至12月31日。

13.(　　)采用历史成本计量时,在任何情况下都不得调整账面的历史成本。

14.(　　)会计恒等式可以表述为:资产=负债+所有者权益+收入-费用。

15.(　　)半年度、季度和月度均称为会计中期。

三、单项选择题

1. 在选择会计处理方法时，各企业应当选择相同的会计处理方法，是为了满足会计信息质量的(　　)要求。

A. 客观性　　B. 可比性

C. 谨慎性　　D. 及时性

2. 下列(　　)要求划分各期收入和费用。

A. 相关性　　B. 配比性

C. 权责发生制　　D. 重要性

3. 企业在不同时期所采用的会计程序和方法不得随意变更，满足会计信息质量的(　　)要求。

A. 配比　　B. 及时性

C. 可比性　　D. 谨慎性

4. 下列(　　)是会计信息质量要求。

A. 及时性　　B. 权责发生制

C. 历史成本　　D. 持续经营

5. 预付账款属于会计要素中的(　　)。

A. 资产　　B. 负债

C. 所有者权益　　D. 费用

6. 要求企业提供的会计信息应当能够反映企业的财务状况、经营成果和现金流量，以满足会计信息使用者的需要是(　　)的要求。

A. 权责发生制　　B. 客观性

C. 重要性　　D. 相关性

7. 在资产、负债的计价及损益的确定时，不预计任何可能的收益，但合理预计可能发生的损失和费用，这体现了(　　)的具体运用。

A. 一贯性　　B. 谨慎性

C. 重要性　　D. 可比性

8. 反映企业财务状况的会计要素是(　　)。

A. 资产、负债和所有者权益

B. 资产、收入和费用

C. 资产、利润和所有者权益

D. 所有者权益、利润和费用

9. 导致产生本期与非本期概念的会计核算基本前提是(　　)。

A. 会计主体　　B. 持续经营

C. 会计分期　　D. 货币计量

10. 引起资产内部两个项目此增彼减而资产总额不变的经济业务是(　　)。

A. 用银行存款偿还借款　　B. 收到投资者货币投资

C. 收到外单位前欠货款　　D. 用银行存款支付投资者利润

11. 某公司6月份期初资产总额为200000元,当期期末负债总额比期初减少20000元,期末所有者权益比期初增加60000元。则该企业期末资产总额为(　　)元。

A. 180000　　B. 200000

C. 240000　　D. 260000

12. 下列经济业务会引起资产类项目和负债类项目同时减少的是(　　)。

A. 从银行提取现金

B. 赊购原材料

C. 用银行存款归还企业的银行短期借款

D. 接受投资者投入的现金资产

13. 银行将短期借款6000000元转为对本公司的投资,这项经济业务将引起(　　)。

A. 公司资产的减少,所有者权益的增加

B. 公司负债的增加,所有者权益的减少

C. 公司负债的减少,所有者权益的增加

D. 公司负债的减少,资产的增加

14. 下列项目中不属于流动资产的是(　　)。

A. 材料　　B. 未分配利润
C. 库存商品　　D. 银行存款
15. 下列项目中不属于所有者权益的是(　　)。
A. 土地使用权　　B. 实收资本
C. 资本公积　　D. 盈余公积

四、多项选择题

1. 会计监督职能的特点包括(　　)。
A. 事后监督　　B. 通过价值指标监督
C. 事前监督　　D. 事中监督
2. 会计核算的基本前提有(　　)。
A. 会计主体　　B. 货币计量
C. 会计分期　　D. 持续经营
3. 企业下列做法中,属于遵循谨慎性原则的有(　　)。
A. 计提坏账准备
B. 加速计提折旧
C. 物价下降时存货计价的先进先出法
D. 认真对账
4. 根据权责发生制原则,下列应计入本期收入和费用的有(　　)。
A. 本期实现的收入,并已收款
B. 本期实现的收入,尚未收款
C. 属于本期的费用,尚未支付
D. 属于以后各期的费用,但已支付
5. 会计等式是(　　)的基本依据。
A. 复式记账　　B. 填制凭证
C. 会计报表　　D. 设置账户
6. 关于“资产＝负债＋所有者权益”这一会计等式,下列表述中,正确的有(　　)。

A. 是复式记账的理论依据

B. 体现了企业某一特定时点上的财务状况

C. 是编制企业资产负债表的理论依据

D. 是企业资金运动的动态表现

7. 根据权责发生制，应计入本期收入的业务有（　　）。

A. 预收货款 10000 元

B. 销售产品，价款 25000 元，款未收到

C. 销售产品，价款 5000 元，款已于上月预收

D. 预付购货款 500000 元

8. 下列各项中，属于无形资产的有（　　）。

A. 土地使用权　　B. 专利权

C. 长期待摊费用　　D. 商标权

E. 商誉

9. 根据权责发生制原则，应计入本期成本或费用的业务有（　　）。

A. 购买办公用品支付现金 1000 元并全部领用

B. 9 月份支付的第三季度利息 120000 元

C. 支付本月广告费 10000 元

D. 预付后两年的房屋租金 800000 元

10. 因收入的取得而可能发生变化的会计要素有（　　）。

A. 收入　　B. 费用

C. 所有者权益　　D. 资产

E. 负债

11. 根据收付实现制原则，应计入本期的收入和费用有（　　）。

A. 本期实现的收入，并已收款

B. 本期实现的收入，尚未收款

C. 属于本期的费用，尚未支付

D. 属于以后各期的费用，但已支付

12. 可以作为一个会计主体进行核算的有（　　）。

A. 企业生产车间

B. 子公司

C. 分公司

D. 母公司及子公司组成的企业集团

13. 会计反映职能的特点包括（　　）。

A. 反映已发生的经济业务　B. 具有完整性、连续性、系统性

C. 主要利用货币计量　D. 预测未来

14. 下列各项中，属于企业负债的有（　　）。

A. 企业向银行的借款　B. 应收保险公司的赔偿款

C. 预付职工的差旅费借款　D. 应交未交的税金

15. 各会计要素之间的关系，下列表述正确的有（　　）。

A. 资产＝负债＋所有者权益

B. 资产＝负债＋所有者权益＋收入－费用

C. 利润＝收入－费用

D. 资产＝权益

五、计算分析题

1. 某工厂创办时，取得国家以固定资产形式进行的投资 900000 元，以流动资产方式进行的投资 720000 元，其中原材料 452000 元，其余均为银行存款。另外向银行借款（二年期）160000 元，已存入银行。要求：

(1)计算该厂资产总额是多少？其中流动资产是多少？非流动资产是多少？

(2)计算该厂负债总额和所有者权益总额。

2. 某公司2006年12月1日资产总额为400000元，负债总额为150000元，所有者权益总额为250000元。该公司12月发生如下经济业务：

(1)12月5日以银行存款50000元购入机器一台。

(2)12月7日投资者以土地使用权追加投资，价值100000元。

(3)12月15日收到购货单位所欠货款20000元，存入银行。

(4)12月20日根据公司董事会决议，将100000盈余公积转增资本金。

(5)12月28日购入材料20000元，货款尚未支付。

要求：分析说明上述经济业务对各个会计要素的影响，并计算12月31日该公司的资产、负债及所有者权益总额。

	资　　产	负　　债	所有者权益
月初余额			
12月5日			
12月7日			
12月15日			
12月20日			
12月28日			
月末余额			

3. 根据某企业2008年7月份发生的下列经济业务，按权责发生制和收付实现制原则分别计算该企业本月的收入和费用，并在下表中有关项目内填列。资料如下：

(1)销售产品600000元，货款存入银行。

(2)销售产品150000元，货款尚未收到。

(3)预付2008年7月至2010年6月的仓库租金120000元。

(4)本月应计提短期借款利息32000元，利息拟于9月份支付。

(5)收回上月销货款18000元。

(6)预收销货款82000元，2个月后交货。

2008 年 7 月收入和费用确认表

序号	权责发生制		收付实现制	
	收　入	费　用	收　入	费　用
(1)				
(2)				
(3)				
(4)				
(5)				
(6)				
合计				

六、案例分析题

1. 某医院融资租入了一台专用设备 500 万元和两辆医用车 60 万元,会计人员认为这些设备和车辆不属于企业的资产,没有将其计入固定资产账户和财务报表之中,只是作了备忘记录。

试根据会计要素的定义及会计信息质量要求等相关原理对该医院会计人员的行为进行分析。

2. 某公司会计林女士对公司最近发生的下列经济业务进行了如下会计处理:

(1)公司老板林纲给自己孩子购买了 800 元的学习用品,并到公司报销。林女士将其作为公司管理费用核算。理由是林纲是公司的投资者,公司是属于林纲的。

(2)公司成立于2006年2月18日,林女士按2006年2月18日至2007年2月18日作为一年编制年度利润表。

(3)为降低公司的利润,林女士自10月份开始将公司固定资产的折旧方法从以前的平均年限法改为加速折旧法。

(4)公司12月在某商场租赁了一个柜台,租赁期为三年,12月份预付三年租金600000元,并将其全部作为12月份的销售费用核算。

要求:该公司上述会计处理是否正确?如有错误,违背了哪项会计假设或会计信息质量要求?

第一章参考答案

一、填空题

1. 反映　监督　2. 权责发生制　3. 会计主体　持续经营　会计分期　4. 资产或收益　负债或费用　5. 历史成本　重置成本　可变现净值　现值　公允价值

二、判断改错题

1. ×　2. √　3. √　4. ×　5. ×　6. ×　7. ×　8. √　9. √　10. ×　11. ×　12. √　13. ×　14. √　15. √

三、单项选择题

1. B　2. C　3. C　4. A　5. A　6. D　7. B　8. A　9. C　10. C　11. C　12. C　13. C　14. B　15. A

四、多项选择题

1. ABCD　2. ABCD　3. ABC　4. ABC　5. ACD　6. ABC　7. BC　8. ABD　9. AC　10. ACDE　11. AD　12. ABCD　13. ABCD　14. AD　15. ABCD

五、计算分析题

1. (1)流动资产＝452000(原材料)＋428000(银行存款)

=880000(元)

非流动资产=900000(元)(固定资产)

资产总额=880000+900000=1780000(元)

(2)负债=160000(元)(长期借款)

所有者权益=900000+720000=1620000(元)

2.

	资产	负债	所有者权益
月初余额	400000	150000	250000
12月5日	+50000 -50000		
12月7日	+100000		+100000
12月15日	+20000 -20000		
12月20日			+100000 -100000
12月28日	+20000	+20000	
月末余额	520000	170000	350000

3.

2008年7月收入和费用确认表

序号	权责发生制		收付实现制	
	收　入	费　用	收　入	费　用
(1)	600000		600000	
(2)	150000			
(3)		5000		120000
(4)		32000		
(5)			18000	
(6)			82000	
合计	750000	37000	700000	120000

六、案例分析题

1. 根据实质重于形式的要求,医院虽不拥有这些设备和车辆的所有权，但与所有权相关的风险和报酬均由医院控制，符合资产的定义和确认条件，应该确认为医院的资产，计入固定资产账户和财务报表之中。

2. 林女士这四项业务的处理全部错误：

(1)违背了会计主体假设。

(2)违背了会计分期假设。

(3)不符合可比性要求。

(4)不符合权责发生制的要求。

第二章 会计核算方法——基本方法

一、填空题

1. 记账方法有＿＿＿＿＿＿和＿＿＿＿＿＿两类。

2. 我国曾采用的记账方法有＿＿＿＿＿＿、＿＿＿＿＿＿和＿＿＿＿＿＿。

3. 借贷记账法的记账规则是＿＿＿＿＿＿＿＿＿＿＿＿。

4. 借贷记账法的试算平衡方法有＿＿＿＿＿＿和＿＿＿＿＿＿。

5. 借贷记账法的理论基础是＿＿＿＿＿＿＿＿。

6. 对会计对象具体内容进一步分类的项目称为＿＿＿＿＿＿。

7. 会计分录可分为＿＿＿＿＿＿和＿＿＿＿＿＿两种。

8. 账户按提供指标的详细程度不同,可分为＿＿＿＿＿＿和＿＿＿＿＿＿两种。

9. 权益中属于投资人的部分称为＿＿＿＿＿＿,属于债权人的部分称为＿＿＿＿＿＿。

10. 一个企业的资产总额和＿＿＿＿＿＿总额必然相等。

二、判断改错题

1.(　　)借贷记账法中的"借"、"贷"分别表示债权和债务。

2.(　　)一般而言,费用类账户结构与权益类账户结构相同,收入类账户结构与资产类账户结构相同。

3.(　　)只要实现了期初余额、本期发生额和期末余额的平衡关系，就说明账户记录正确。

4.(　　)发生额试算平衡的理论依据是"有借必有贷，借贷必相等"的记账规则。

5.(　　)某一账户核算的内容具有独立性和排他性。

6.(　　)在经济业务处理过程中所形成的账户之间的应借应贷关系，称为账户的对应关系。

7.(　　)运用借贷记账法登记经济业务时，有关账户之间形成的相互关系叫平衡关系。

8.(　　)所有经济业务的发生，都会引起会计等式两边发生变化。

9.(　　)任何经济业务发生都不会破坏会计等式的平衡关系。

10.(　　)借贷记账法下，账户的基本结构是：每一个账户的左边均为借方，右边均为贷方。

11.(　　)一般来说，各类账户的期末余额与记录增加额的一方都在同一方向。

三、单项选择题

1. 会计科目是对(　　)。

A. 会计对象分类所形成的项目

B. 会计要素分类所形成的项目

C. 会计方法分类所形成的项目

D. 会计账户分类所形成的项目

2. 会计科目和账户之间的区别在于(　　)。

A. 记录资产和权益的增减变动情况不同

B. 记录资产和负债的结果不同

C. 反映的经济内容不同

D. 账户有结构而会计科目无结构

3. 在借贷记账法下,将账户划分为借、贷两方,哪一方记增加,哪一方记减少,是根据(　　)的。

A. 凡借方都记增加,贷方都记减少规则决定

B. 账户的性质决定

C. 记账方法决定

D. 核算方法决定

4. 复式记账法是指对每发生的任何一笔经济业务都必须以相等的金额,在两个或两个以上的账户中(　　)。

A. 相互联系地进行分类记录

B. 一方记增加,另一方记减少

C. 两者都记增加

D. 两者都记减少

5. 下列引起资产和负债同时减少的经济业务是(　　)。

A. 购买材料,货款尚未支付

B. 以银行存款支付前欠货款

C. 收回应收货款存入银行

D. 用现金支付办公费用

6. 某企业资产总额为 100 万元,当发生下列经济业务后:(1)向银行借款 10 万元存入银行;(2) 用银行存款偿还应付账款 5 万元;(3) 收回应收账款 2 万元存入银行,其资产总额为(　　)万元。

A. 107　　　　B. 105

C. 117　　　　　　　　D. 112

7. 以银行存款交纳所得税，所引起的变动为(　　)。

A. 一项资产减少，一项权益减少

B. 一项资产减少，一项负债减少

C. 一项负债减少，一项权益减少

D. 一项资产减少，一项资产增加

8. 某企业采购员预借差旅费，所引起的变动为(　　)。

A. 一项资产增加，一项负债增加

B. 一项资产增加，一项资产减少

C. 一项资产减少，一项负债减少

D. 一项负债增加，一项负债减少

9. 以下各项目中，属于资产的有(　　)。

A. 短期借款　　　　　　B. 应付职工薪酬

C. 实收资本　　　　　　D. 存货

10. 权益类账户期末余额通常在(　　)。

A. 借方　　　　　　　　B. 借方和贷方

C. 贷方　　　　　　　　D. 借方或贷方

11. 收益类账户的结构与资产类账户的结构(　　)。

A. 一致　　　　　　　　B. 相反

C. 基本相同　　　　　　D. 无关

12. 余额试算平衡是依据(　　)确定的。

A. 借贷记账法

B. 经济业务的内容

C. "资产＝负债＋所有者权益"的恒等关系

D. 经济业务的类型

13. 借贷记账法的余额试算平衡公式是(　　)。

A. 每个账户的借方发生额＝每个账户的贷方发生额

B. 全部账户本期借方发生额合计＝全部账户本期贷方发生额合计

C. 全部账户期末借方余额合计＝全部账户期末贷方余额合计

D. 全部账户期末借方余额合计＝部分账户期末贷方余额合计

14. 开设明细分类账户的依据是(　　)。

A. 总分类科目　　B. 明细分类科目

C. 试算平衡表　　D. 会计要素内容

四、多项选择题

1. 账户一般包括(　　)。

A. 账户名称　　B. 日期和摘要

C. 凭证号数　　D. 增加或减少金额

2. 下列属于会计科目的有(　　)。

A. 流动负债　　B. 固定资产

C. 应付账款　　D. 未完工产品

E. 货币资金

3. 下列经济业务中,引起资产一增一减的有(　　)。

A. 以银行存款购买设备

B. 从银行提取现金

C. 以银行存款购买材料

D. 以银行存款偿还以前欠款

4. 下列经济业务中,不会引起会计等式两边同时发生增减变动的有(　　)。

A. 收到应收账款存入银行　　B. 购进材料未付款

C. 从银行提取现金　　D. 从银行借款存入银行

5. 复式记账法的优点包括(　　)。

A. 进行试算平衡

B. 了解经济业务的来龙去脉

C. 简化账簿登记工作

D. 检查账户记录的正确性

6. 下列错误中,(　　)不能通过试算平衡发现。

A. 某项经济业务未入账

B. 应借应贷的账户中借贷方向颠倒

C. 借贷双方同时等额多计了经济业务的金额

D. 借贷双方中一方多记金额,一方少记金额

7. 在借贷记账法下,“借”表示(　　)。

A. 权益的增加　　B. 费用的增加

C. 资产的增加　　D. 利润的增加

8. 仓库发出材料一批,其中产品领料 1000 元,车间一般耗料 500 元,应计入下列(　　)账户的借方。

A. 生产成本　　B. 管理费用

C. 材料　　D. 制造费用

9. 下列经济业务发生,使资产总额不变的有(　　)。

A. 从银行取得借款,存入银行

B. 以银行存款偿还前欠购货款

C. 从银行提取现金

D. 以银行存款购买材料

10. 下列账户中,用贷方登记增加数的账户有(　　)。

A. 应付账款　　B. 实收资本

C. 累计折旧　　D. 盈余公积

E. 本年利润

11. 下列账户中,在会计期末一般没有余额的账户有(　　)。

A. 资产类账户　　B. 负债类账户

C. 所有者权益类账户　　D. 收入类账户

E. 费用类账户

12. 复合会计分录是指(　　)。

A. 一借一贷的会计分录

B. 一借多贷的会计分录

C. 多借一贷的会计分录

D. 多借多贷的会计分录

13. 明细分类科目(　　)。

A. 也称一级会计科目

B. 是进行明细分类核算的依据

C. 是进行总分类核算的依据

D. 提供更加详细具体的指标

E. 是对总分类科目核算内容详细分类的科目

14. 下列会计科目属于损益类的科目有(　　)。

A. 制造费用　　B. 管理费用

C. 财务费用　　D. 销售费用

五、计算分析题

1. 资料:由华商公司投资成立的中华搬运公司2000年期初及期末资产负债表上列示的资产总额及负债总额如下(单位:元):

	期初	期末
资产	258000	348000
负债	190000	215000

(1)华商公司在年度中既未收回投资,也未增加投资。

(2)华商公司在年度中未收回投资,且增加投资20000元。

(3)华商公司在年度中曾收回投资15000元,但未增加投资。

(4)华商公司在年度中收回投资32000元,且又增加投资45000元。

要求:根据以上不同情况,分别计算本年度中华搬运公司的利润。

2. 风发公司 2007 年 12 月 31 日有关账户的部分资料如下：

单位：元

账户名称	期初余额		本期发生额		期末余额	
	借方	贷方	借方	贷方	借方	贷方
长期股权投资	800000		440000	20000	（　　）	
银行存款	120000		（　　）	160000	180000	
应付账款		160000	140000	120000		（　　）
短期借款		90000	（　　）	20000		60000
应收账款	（　　）		60000	100000	40000	
实收资本		700000		（　　）		1240000
其他应付款		50000	50000	0		（　　）

要求：根据账户期初余额、本期发生额和期末余额的计算方法，计算并填列上表中括号内的数字。

六、业务题

1. 资料：某企业发生的经济业务如下：

(1)用银行存款购买材料。

(2)用银行存款支付所欠货款。

(3)向银行借入长期借款。

(4)收到投资者投入的资本。

(5)收到投资者投入的固定设备。

(6)购买一批机器设备，货款未付。

(7)企业用固定资产向外单位投资。

(8)用现金偿还前欠 B 单位的运输费用。

(9)将盈余公积转作资本。

(10)企业所有者甲代企业归还银行欠款，并将其转为投入资本。

要求:说出上述10笔业务的资金变化对会计等式影响的类型。

2. 资料:天华工厂2008年3月发生的部分经济业务如下:

(1)从银行提取现金400元。

(2)购入原材料一批计3500元,货款已用银行存款支付。

(3)国家投入资本20000元,存入银行存款户。

(4)采购员王民出差预借差旅费350元,财务科以现金支付。

(5)购入甲种材料30000元,乙种材料2600元。乙种材料款已以银行存款付出,甲种材料款未付。

(6)收到购买单位付来上月所欠货款25000元,其中10000元直接归还银行短期借款,其余15000元存入银行。

(7)付出现金400元,其中300元系购入生产用的丙种材料款,100元由采购员王民借支。

(8)国家投入资本45000元,其中15000元存入银行存款户,30000元直接归还应付的购货款。

要求:对上述经济业务进行分析,并据以作出正确的会计分录。

3. 资料：

(1)某工业企业 2008 年 1 月份有关账户的期初余额如下：

单位：元

资产类		负债及所有者权益类	
账户名称	金额	账户名称	金额
固定资产	78430	实收资本	181330
原材料	16420	短期借款	200700
生产成本	235400	应付账款	6780
库存商品	43280	其他应付款	1760
库存现金	2460		
银行存款	7590		
应收账款	5760		
其他应收款	1230		
合　　计	390570	合　　计	390570

(2)2008 年 1 月份发生如下经济业务：

①从银行提取现金 500 元。

②用银行存款购买材料一批，货款 5500 元，该材料已验收入库。

③用银行存款归还前欠货款 3000 元。

④国家投入无需安装的新机器一台，价值 25000 元。

⑤收到购货单位归还货款 4400 元，存入银行。

⑥按规定将多余现金 500 元存入银行。

⑦生产车间生产产品领用材料，价值 14500 元。

⑧向银行借入短期贷款 70000 元，存入银行。

要求：

1. 根据资料(1)，开设账户，并登记期初余额。

2. 根据资料(2)，编制会计分录并登记账户。

3. 结算各账户的本期发生额和期末余额。

4. 根据期初余额，本期发生额和期末余额编制试算平衡表，并进行试算平衡。

固定资产

期初余额	
本期发生额	本期发生额
期末余额	

库存现金

期初余额	
本期发生额	本期发生额
期末余额	

原材料

期初余额	
本期发生额	本期发生额
期末余额	

银行存款

期初余额	
本期发生额	本期发生额
期末余额	

生产成本

期初余额	
本期发生额	本期发生额
期末余额	

应收账款

期初余额	
本期发生额	本期发生额
期末余额	

库存商品

期初余额	
本期发生额	本期发生额
期末余额	

其他应收款

期初余额	
本期发生额	本期发生额
期末余额	

实收资本

	期初余额
本期发生额	本期发生额
	期末余额

短期借款

	期初余额
本期发生额	本期发生额
	期末余额

其他应付款

	期初余额
本期发生额	本期发生额
	期末余额

应付账款

	期初余额
本期发生额	本期发生额
	期末余额

试算平衡表

单位:元

会计科目	期初余额		本期发生额		期末余额	
	借 方	贷 方	借 方	贷 方	借 方	贷 方
库存现金						
银行存款						
原材料						
生产成本						
库存商品						
应收账款						
其他应收款						
固定资产						
短期借款						
应付账款						
其他应付款						
实收资本						
合 计						

七、案例分析题

1. 王明原来是饭店的服务员,年薪 10000 元。一年前他辞去工作,个人投资 50000 元,创办了龙泉娱乐中心,主要经营宴席、酒会、小吃等饮食服务,同时兼营舞会、宴会等场地出租。该娱乐中心一年来的经营情况如下:

(1)提供饮食服务收入 160000 元。

(2)出租场地租金收入 26000 元。

(3)各种饮食品的成本共计 84000 元。

(4)支付广告费 10000 元。

(5)支付雇员工资 60000 元,王明个人生活费 10000 元。

(6)其他一些费用共计 12000 元。

试问:王明一年来的经营成果如何?并评述其辞职搞个体经营是否更有利可图,说出合适的解释原因。

2. 你的一个朋友是开杂货店的,得知你正在学会计,就向你寻求帮助。他想了解他的企业在年末的经营状况如何,当年的经营业绩如何。他将以下有关企业的信息提供给你,如下表。所提供的全部数据,或是以 12 月 31 日为终止日期的当年数据,或是业务发生当日的数据。

单位:元

有关会计事项	金　额
支付给雇工的工资	3744
年末货车价值	4800
销售成本	70440
他本人自付的工资	15600
销售收入	110820
年末商店和土地的价值	60000
钱柜里和银行中的现金	2100
杂项费用(包括电费、电话费等)	10500
年末欠供应商的款项	2400

你还获知当年该地区的地产已经升值。但是,由于房屋经过一般修缮后又被破坏了,所以总的来说它的价值仍然维持在一年前的

相同水平上。另一方面，货车一年前的价值6000元，但是，现在经过一年的折旧，价值比以前减少了。

(1)请评价该杂货商一年来的业绩。

(2)请叙述该杂货商年末的财务状况。

(3)如果不计算折旧费与税金，该杂货商一年的净收益应是多少？

3. 某公司精简机构。对于该企业的职工李三来说有三条路可供他选择：(1)继续在原单位工作，年收入为12000元；(2)下岗，收入打对折，但某快餐厅愿以每月600元的工资待遇请他帮佣；(3)辞职，搞个体经营。

结果他决定自己投资20000元，开办一家酒吧。下面是该酒吧开业一个月的经营情况：

(1)预付半年房租3000元。

(2)购入各种饮料6000元，本月份耗用其中的2/3。

(3)支付雇员工资1500元。

(4)支付水电费500元。

(5)获取营业收入10000元。

试评述李三的选择是否正确，为什么？请说出理由。

第二章参考答案

一、填空题

1. 单式记账法　复式记账法　2. 收付记账法　增减记账法　借贷记账法　3. 有借必有贷,借贷必相等　4. 发生额试算平衡　余额试算平衡　5. 会计恒等式　6. 会计科目　7. 简单会计分录　复合会计分录　8. 总分类账户　明细分类账户　9. 所有者权益　债权人权益(负债)　10. 权益

二、判断改错题

1. ×　2. ×　3. ×　4. √　5. √　6. √　7. ×　8. ×　9. √　10. √　11. √

三、单项选择题

1. B　2. D　3. B　4. A　5. B　6. B　7. B　8. B　9. D　10. C　11. B　12. C　13. C　14. B

四、多项选择题

1. ABCD　2. BC　3. ABC　4. AC　5. ABD　6. ABC　7. BC　8. AD　9. CD　10. ABCDE　11. DE　12. BCD　13. BDE　14. BCD

五、计算分析题

1. (1)65000 (2)45000 (3)80000 (4)52000

2. 单位:元

账户名称	期初余额		本期发生额		期末余额	
	借　方	贷　方	借　方	贷　方	借　方	贷　方
长期股权投资	800000		440000	20000	(1220000)	
银行存款	120000		(220000)	160000	180000	
应付账款		160000	140000	120000		(140000)
短期借款		90000	(50000)	20000		60000
应收账款	(80000)		60000	100000	40000	
实收资本		700000	0	(540000)		1240000
其他应付款		50000	50000	0		(0)

六、业务题

1. (1)和(7)属于一项资产增加,另一项资产减少。

(2)和(8)属于一项资产减少,一项负债减少。

(3)和(6)属于一项资产增加,一项负债增加。

(4)和(5)属于一项资产增加,一项所有者权益增加。

(9)属于一项所有者权益增加,另一项所有者权益减少。

(10)属于一项负债减少,一项所有者权益增加。

2.

(1)借:库存现金 400

　　贷:银行存款 400

(2)借:原材料 3500

　　贷:银行存款 3500

(3)借:银行存款 20000

　　贷:实收资本 20000

(4)借:其他应收款——王民 350

贷:库存现金　　350

(5)借:原材料——甲材料　　30000

——乙材料　　2600

贷:应付账款　　30000

银行存款　　2600

(6)借:银行存款　　15000

短期借款　　10000

贷:应收账款　　25000

(7)借:其他应收款——王民　　100

原材料——丙材料　　300

贷:库存现金　　400

(8)借:银行存款　　15000

应付账款　　30000

贷:实收资本　　45000

3.

(1)借:库存现金　　500

贷:银行存款　　500

(2)借:原材料　　5500

贷:银行存款　　5500

(3)借:应付账款　　3000

贷:银行存款　　3000

(4)借:固定资产　　25000

贷:实收资本　　25000

(5)借:银行存款　　4400

贷:应收账款　　4400

(6)借:银行存款　　500

贷:库存现金　　500

(7)借:生产成本　　14500

贷:原材料　　14500

(8)借:银行存款　　　　　　　　　　　　　　　　70000

　　贷:短期借款　　　　　　　　　　　　　　　　70000

试算平衡表中"本期发生额"合计:123400;"期末余额"合计:482570。(各账户余额略)

七、案例分析题

1. 总体来说有利可图,原因分析略。
2. (1)该杂货商当年的净收益为9336元。

   (2)资产66900元

   负债2400元

   所有者权益64500元

   (3)10536元
3. 正确。理由略。

第三章　会计核算方法——修正方法

一、填空题

1. 账项调整的内容包括__________、__________、__________、__________等四项。

2. 财产清查按照清查对象的范围可以分为______________和______________。

3. 库存现金的清查应采用的方法是__________。

4. 我国财产资产的盘存制度主要有__________和__________。

5. 往来款项清查，一般采用________________。

二、判断改错题

1.（　　）期末调整的目的是将收入、费用按其归属期的关系严格建立在权责发生制的基础上，以正确计算本期损益。

2.（　　）经过期末账项调整，账簿记录中有关收入和费用账户所记录的金额，便是应归属于本期收入和费用的金额。

3.（　　）期末账项调整只须划分各个会计期间的收入和费用，不需要调整资产和负债。

4.（　　）对某些价值小、数量多、逐一清点工作量大的财产物资，可以采用技术推算法进行财产清查。

5.（　　）定期财产清查的对象不定，可以是全面清查也可以是局部清查。

6.（　　）“现金盘点报告表”由盘点人签章后即可生效。

7.（　　）企业财产清查中，发现账外设备一台，报经批准后，应冲减“营业外支出”。

8.（　　）为确保银行存款账实相符，企业应根据银行余额调节表及时登记入账。

9.（　　）财产清查中的盘盈盘亏，在没有查清原因以前暂不入账。

10.（　　）在各种实物的清查过程中，实物保管人员必须在场，参加盘点，但不宜单独承揽财产清查工作。

三、单项选择题

1. 年终调整企业本期应付而未付的各项费用时，一方面使费用增加，另一方面会使（　　）。

A. 资产减少　　　　B. 负债增加

C. 权益减少　　　　D. 收入减少

2. 在权责发生制下，经过本期账项调整（　　）。

A. 所有收入类账户中所记录的金额都是应归属于本期收入的金额，而费用类账户则不然

B. 所有费用类账户中所记录的金额都是应归属于本期费用的金额，而收入类账户则不然

C. 不论收入类账户，还是费用类账户，所记录的金额都是应归属于本期收入和费用的金额

D. 不论资产类账户，还是负债类账户，所记录的金额都是应归属于本期资产和负债的金额

3. 年终调整企业本期应收而未收到的各项收益时，一方面使收入增加，另一方面会使（　　）。

A. 资产增加　　B. 负债减少

C. 权益增加　　D. 费用减少

4. "待处理财产损溢"账户借方核算　（　　）

A. 发生待处理财产的盘亏或毁损数

B. 财产盘盈数

C. 发生待处理财产的盘盈数

D. 结转已批准处理的财产盘亏数或毁损数

5. 某企业在财产清查过程中，盘亏材料一批，计 5000 元，经查明原因，属于非常损失的是 4000 元，另外 1000 元为自然损耗。经批准后，转销材料盘亏的会计分录为（　　）。

A. 借:管理费用　5000

　　贷:待处理财产损溢　5000

B. 借:营业外支出　5000

　　贷:待处理财产损溢　5000

C. 借:管理费用　4000

　　　营业外支出　1000

　　贷:待处理财产损溢　5000

D. 借:管理费用　1000

　　　营业外支出　4000

　　贷:待处理财产损溢　5000

6. 财产清查中盘盈存货一批，价值 2000 元，批准后应转入　（　　）

A. 营业外收入　　B. 其他业务收入

C. 管理费用　　D. 主营业务收入

7. 某公司 2009 年 10 月 31 日的银行核对中发现，银行存款日

记账账面余额为217300元，银行对账单余额254690元，经逐笔核查，发现有如下未达账项(1)企业未收，银行已收42100元；(2)企业已收，银行未收21600元；(3)企业未付，银行已付5000元；(4)企业已付，银行未付21890元。调整后银行存款的余额应是(　　)

A. 217300元　　B. 254690元

C. 254400元　　D. 276290元

8. 下列物资中，用抽样盘点法进行财产清查的是(　　)

A. 成套设备　　B. 低值易耗品

C. 矿砂　　D. 汽车

9. 企业在编制年度财务会计报告前进行的财产清查，一般应进行(　　)。

A. 重点清查　　B. 全面清查

C. 局部清查　　D. 抽样清查

10. 银行存款的清查方法，应采用(　　)。

A. 实地盘点法　　B. 技术分析法

C. 对账单法　　D. 函证法

四、多项选择题

1. 期末调整应收项目时，会使(　　)。

A. 资产增加　　B. 负债增加

C. 权益增加　　D. 收益增加

2. 下列各项中，属于收付期在前，而归属期在后的有(　　)。

A. 预付费用　　B. 预收收入

C. 应计费用　　D. 应计收入

3. 下列资产中，需要从数量和质量两个方面进行清查的有(　　)

A. 货币资金　　B. 原材料

C. 产成品　　D. 应收账款

4. 某企业在财产清查中，发现短缺设备一台，账面原值30000

元，已计提折旧 10000 元，在报经批准前企业应做会计分录的借方为（　　）

A. “待处理财产损溢”30000 元

B. “营业外支出”20000 元

C. “累计折旧”10000 元

D. “待处理财产损溢”20000 元

5. 下列未达账项中，会使本企业“银行存款日记账账面余额”大于银行对账单的有（　　）

A. 企业已收、银行未收款

B. 银行已收、企业未收款

C. 银行已付、企业未付款

D. 企业已付、银行未付款

6. 对实物资产清查的技术方法主要有（　　）。

A. 实地盘点法　　B. 技术推算法

C. 对账单法　　D. 查询核实法

7. 由于管理不善导致存货盘亏一般应作为（　　）处理。

A. 营业外支出　　B. 管理费用

C. 财务费用　　D. 其他应收款

8. 对财产清查的结果，应以国家有关的法规，制度为依据，严肃认真地处理，具体要求有（　　）

A. 分析产生差异的原因和性质，提出处理建议

B. 积极处理多余，积压物资，清理往来账

C. 总结经验教训，提出改进措施，建立健全金额管理制度

D. 根据清查结果，调整账簿记录，做到账实相符

9. 一般而言，在以下情况中，需要进行财产全面清查的有（　　）

A. 单位主要负责人调离工作　　B. 单位撤销、分立

C. 单位改变隶属关系　　D. 开展清产核资

五、计算分析

1. 资料:某公司 4 月份经济业务如下:

(1)销售产品 56000 元,其中 36000 元已收到现款,存入银行;另有 20000 元货款尚未收到。

(2)收到上月提供劳务收入 560 元。

(3)支付本月份的水电费 680 元。

(4)预付下半年度房租 1800 元。

(5)支付上月份借款利息 340 元。

(6)本月应计劳务收入 890 元。

(7)预收销售货款 24000 元。

(8)本月负担年初已支付的保险费 210 元。

(9)上月预收货款的产品本月实现销售收入 18900 元。

(10)本月负担下月支付的修理费 150 元。

要求:

(1)按收付实现制,列表计算 4 月份的收入、费用和利润。

(2)按权责发生制,列表计算 4 月份的收入、费用和利润。

(3)比较两种会计基础下的利润总额,并予以简要的说明。

2. 资料：某企业 199×年 7 月 31 日银行存款的账面余额为 535000 元，开户银行送来对账单，其银行存款余额为 508000 元。经查对，发现有以下几笔未达账项：

(1)7 月 30 日，委托银行收款 50000 元，银行已收入企业银行存款户，收款通知尚未送达。

(2)7 月 30 日，企业开出现金支票一张，计 1000 元，企业已减少银行存款，银行尚未记账。

(3)7 月 31 日，银行为企业支付电费 7000 元，银行已入账，减少企业存款，企业尚未记账。

(4)7 月 31 日，企业收到外单位转账支票一张，计 71000 元，企业已收账，银行尚未记账。

要求：根据上述资料未达账项，编制银行存款余额调节表，确认企业月末实际可用的银行存款余额。

六、业务题

1. 资料：某工厂年终进行财产清查，在清查中发现下列事项：

(1)盘亏水泵一部，原价 5200 元，账面已提折旧 1400 元。

(2)发现账外机器一台，估计重置价 10000 元，现值 6000 元。

(3)甲材料账面余额455公斤,价值19110元。盘点实际存量为450公斤,经查明其中3公斤为定额损耗,2公斤为日常收发计量差错。

(4)乙材料账面余额166公斤,价值5312元,盘点实际存量为161公斤,缺少数为保管人员失职造成的散失。

(5)丙材料盘盈25公斤,每公斤30元,经查明属于日常收发计量差错。

上列各项盘盈、盘亏和损失,经查原因属实,报请领导审核批准,做如下处理:

(1)盘亏水泵系因自然容灾害遭致毁损,做非常损失处理。

(2)账外机器尚可使用,交车间投入生产,做增加营业外收入处理。

(3)材料定额内损耗及材料收发计量错误,均列入管理费用处理。

(4)保管人员失职造成材料短缺损失,责成过失人赔偿。

要求:

(1)将上列清查结果,编制审批前的会计分录。

(2)根据报请批准处理的结果,编制会计分录。

2. 资料：明光公司以权责发生制作为会计基础，19×4 年 1 月 31 日，公司的资产总额为 543000 元，负债总额为 110000 元，所有者权益总额为 433000 元(其中包括本期利润 33000 元)。该公司财务主管复查有关会计记录后，发现在编制报表时，忽略了下列调整事项：

(1)预收出租包装物一年租金 7800 元，分期列入收入。

(2)应付短期借款利息 1400 元，尚未入账。

(3)预付上半年度房屋租金 6000 元，分期列入费用。

(4)价值 100000 元办公楼，应按每年 6%的折旧率计提折旧，本期尚未入账。

(5)本期产品销售收入 100000 元，应按 5%税率计算的销售税金，尚未缴纳而尚未入账。

(6)提供劳务收入 2000 元，按合同规定，客户将于下月支付该项劳务款项。

要求：根据上述资料编制必要的调整分录。

七、案例分析

大明化工进出口公司是一家专业从事化工产品进出口业务的省级外贸公司。长期从事各类化工、农药类产品和原料的出口业务，也是在某省具有一定影响力和市场占有率的规模化专业公司。在中国加入 WTO 之后，为了进一步开拓国际市场，当地政府连续出台鼓励企业出口创汇的相关政策，除了按照国家出口退税政策对出口业务实施退税待遇外，还专门发出红头文件，规定对本地区所有出口企业自 2009 年度开始，实行按创汇金额每一美元补贴七分人民币的政策。无疑，政府此举旨在通过这种政府补助来促进企业的出口经营活动。

不过，此项补贴的具体办理过程中，需要在公司会计年度结束后，集中海关出口报关单、经过对外经贸部门审核，最后按要求将相关材料报送到当地财政部门审核办理，经办的持续时间相对较长，办理层次也比较多。由于是当地政府的临时性激励政策，中间也存在着一定的不确定性，据悉，不少企业通常并没有特别关注这项补贴资金的到位和入账。前几年该企业也是在第二年下半年才能收到相应数额的补贴。

2010 年春节过后，公司的结汇部门、财务部门也照例对上年度的出口创汇情况进行了相应的结算和申报。申报材料送上去后，公司上下也都没有再及时关注与提起此事。根据当地政府关于推进流通类国有企业产权改制先走一步的整体安排，大明化工进出口公司被确定将以 2010 年 6 月 30 日为产权改制基准日。公司进行核资评估后，实施国有股全额转让给个人，管理层持大股、业务骨干全面持股的产权改制。由于上下配合得比较默契，改制工作在 2010 年 10 月得到当地国资监管部门批准后就结束了。国有公司自然就变成非国有公司了。不过，人还是那些人、事还是那些事。国庆过去，当地财政部门照旧打来电话，会计小王就顺利地去办理了 128 万元上年度出口创汇补贴款的转账支票。这款也自然而然就进入了改制之后新公司的账目。情随事迁，属于国有企业的资产就这样轻易流失到部分私人“腰包”里去了。

事后，在国资监管“风暴”下，有关部门专门调查处理此事，流失的国有资产终于得以回归，但公司上下则一片冤枉与不解：公司主观上没有任何故意与过错，以前都是这样处理的，按实际收到的财政补贴数进行会计记账。况且，以前类似的政府补助款，相关政府监管部门还特别强调要在实际款项到达时才能入账，防止通过提前确认来人为地增加当年利润。同时，企业也曾经发生过前面有红头文件，到最后也兑现不了，结果计了利润、发了奖金，资金长期到不了账。况且，制度也没有明确交待这样的事项如何处理。

对此，"过程"中好象会计职业判断是可前可后的，但其"结果"却导致不同会计期间的企业利润和资产出现了人为操纵。透过此事，不少人觉得，原来国有资产也是可以"变脸"的，从国有资产暗流到非国有资产。

当然，此类利用会计核算基础的空间来操纵利润与资产的混乱现象，理所当然地受到了会计准则的重拳出击。财政部新出台的《企业会计准则第 16 号——政府补助》在防范出现上述延迟确认收入现象的同时，也力争防范出现提早确认收入的操纵现象。准则明确规定：政府补助为货币性资产的，如通过银行转账等方式拨付的补助，通常按照实际收到的金额计量，即实行收付实现制；只有存在确凿证据表明该项补助是按照固定的定额标准拨付的，如按照实际销量或储备量与单位补贴定额计算的补助，可以按照应收的金额计量，即实行权责发生制。

看来，权责发生制与收付实现制之争，绝对不是一个纯粹的理论之争，它不仅涉及到企业持续经营中不同会计期间的盈亏核算，同样也是一个能够形成国有资产流失的"暗流"，理当规范操作、谨慎从事。

问题：

(1)是什么原因导致了国有资产的流失？

(2)按照权责发生制进行账项调整的意义是什么？

第三章参考答案

一、填空题

1. 预收收入　应计收入　预付费用　应计费用　2. 全面清查　局部清查　3. 实地盘点　4. 永续盘存制　定期盘存制　5. 函证核对法

二、判断改错题

1. √　2. √　3. ×　4. √　5. √　6. ×　7. ×　8. ×　9. ×　10. √

三、单项选择题

1. B　2. C　3. A　4. A　5. D　6. C　7. C　8. B　9. B　10. C

四、多项选择题

1. AD　2. AB　3. BC　4. CD　5. AC　6. AB　7. ABD　8. ABCD　9. ABCD

五、计算分析

1. (1)4 月份收入＝36000＋560＋24000＝60560

　　4 月份费用＝680＋1800＋340＝2820

4 月份利润＝60560－2820＝57740

(2)4 月份收入＝56000＋890＋18900＝75790

4 月份费用＝680＋210＋150＝1040

4 月份利润＝75790－1040＝74750

(3)两种会计基础下收入和费用差距较大，在收付实现制中，把不属于本期的收入计入本期，而把属于本期的收入计入其他期间；费用也同样如此。

2.

项目	金额	项目	金额
银行存款日记账余额	535000	银行对账单余额	508000
加：银行已收企业未收	50000	加：企业已收银行未收	71000
减：银行已付企业未付	7000	减：企业已付银行未付	1000
调节后存款余额	578000	调节后存款余额	578000

企业月末实际可用存款余额为 578000 元。

六、业务题

1. (1)借：累计折旧　1400

　　待处理财产损溢　3800

　贷：固定资产　5200

借：固定资产　6000

　贷：待处理财产损溢　6000

借：待处理财产损溢　210

　贷：原材料——甲材料　210

借：待处理财产损溢　160

　贷：原材料——乙材料　160

借：原材料——丙材料　750

　贷：待处理财产损溢　750

(2)借:营业外支出　　3800
　　贷:待处理财产损溢　　3800
　借:待处理财产损溢　　6000
　　贷:营业外收入　　6000
　借:管理费用　　210
　　贷:待处理财产损溢　　210
　借:待处理财产损溢　　750
　　贷:管理费用　　750
　借:其他应收款　　160
　　贷:待处理财产损溢　　160

2. (1)借:银行存款　　7800
　　贷:预收账款　　7800
　借:预收账款　　600
　　贷:其他业务收入　　600
(2)借:财务费用　　1400
　　贷:应付利息　　1400
(3)借:预付账款　　6000
　　贷:银行存款　　6000
　借:管理费用　　1000
　　贷:预付账款　　1000
(4)借:管理费用　　6000
　　贷:累计折旧　　6000
(5)借:营业税金及附加　　5000
　　贷:应交税费　　5000
(6)借:主营业务收入　　2000
　　贷:应收账款　　2000

七、案例分析题

(略)

第四章　企业核算方法——综合方法

一、填空题

1. 在会计实务中，进行会计处理需要有各种具体的程序与方法，它们在不同的会计期间内按一定的步骤依次继起，循环往复，并周而复始，这种会计工作的________________被称为会计循环。

2. 会计循环的第二步骤又简称为________________，实质上是将会计分录的内容记入有关总分类账、日记账和明细分类账的借方和贷方。

3. 在________________的假设下，为正确核算本期的经营成果，应使本期的经营收入和本期的成本费用相配比，以正确计算盈亏。

4. 根据权责发生制原则，期末需要进行调整的__________、__________、__________、__________和其他一些尚未确认的内部成本分配等项目，被称为期末调整账项。

5. 所谓的__________是指在结账前，将账簿记录内容与实际情况进行核对，以做到__________、__________及__________。

6. 所谓的__________是指在会计期末为了编制会计报表将账户结算清楚的会计工作。

7. 所谓账务处理程序过去也称为会计核算形式，是指在会计核算中以账簿体系为中心，把________________有机地结合在一起的技术组织方式。

8. 科目汇总表兼有__________和__________两项功能。

二、判断改错题

1.（　　）调整前试算平衡表与调整后试算平衡表的编制目的相同。

2.（　　）记账凭证与日记分录账的作用基本相同。

3.（　　）在试算平衡表中，如果所有账户的借贷方发生额合计数或借贷方余额均相等，说明记账工作正确。

4.（　　）日记总账账务处理程序只适用于规模较小，业务简单，涉及科目少的企业。

5.（　　）汇总付款凭证是按借方科目开设，按对应贷方科目归类的。

6.（　　）在汇总记账凭证账务处理程序下，为了便于汇总记账凭证的编制，不必采用专用式的记账凭证。

7.（　　）科目汇总表账务处理程序中，科目汇总表与总分类账都不能反映账户的对应关系。

8.（　　）各账务处理程序之间的不同主要在于登记总账的方法及依据的不同。

9.（　　）科目汇总表的编制方法之一是先在丁字式简易账户中汇总出各账户的本期借方发生额合计与本期贷方发生额合计，再填制到科目汇总表上，该方法被称为工作底稿法。

10. (　　) 记账凭证账务处理程序是最基本的一种账务处理程序,它是以直接根据记账凭证逐笔登记总分类账为特征的。

三、单项选择题

1. (　　)是会计循环中所采用的具体步骤的不同组合。

A. 会计要素　　B. 账务处理程序

C. 试算平衡　　D. 会计等式

2. 各不同的账务处理程序的共同点是(　　)。

A. 均采用复式记账凭证　B. 都使用会计平衡公式

C. 记账程序相同　D. 均是从凭证——账簿——报表

3. 参照西方会计的习惯做法,编制日记分录账或会计分录簿,即按照时间的先后顺序,序时地、全面地反映企业会计期间内所有经济业务所涉及的(　　)。

A. 会计分录　　B. 记账方向

C. 会计科目　　D. 会计账簿

4. 所谓的递延收入又称(　　),是指企业在收入实现之前已收取了对方单位的货款,从而形成企业的预收账款(属企业的负债)。

A. 已实现收入　　B. 未实现收入

C. 其他应付款　　D. 长期待摊费用

5. 应计费用(属企业的负债)是指尽管企业已使用了某项服务,但至会计期末(　　)的款项,从而已形成一定的偿付责任。

A. 已经支付　　B. 已经收款

C. 尚未收款　　D. 尚未支付

6. 在各个会计期间终了,为了检查总账各账户的正确性,需要进行(　　)工作。

A. 调账　　B. 结账

C. 过账　　D. 试算平衡

7. 汇总收款凭证是按(　　)开设,按对应贷方科目归类,其登记的依据是银行存款收款凭证、现金收款凭证。

A. 借方科目　　B. 贷方科目

C. 收款凭证　　D. 付款凭证

8. 为保留汇总记账凭证能反映账户对应关系这一优势，总分类账应设置(　　)栏。

A. 借方科目　　B. 贷方科目

C. 对应科目　　D. 相反科目

9. 日记总账账务处理程序以设置日记总账，根据记账凭证将所有经济业务(　　)为特征的。

A. 间接登记　　B. 直接登记

C. 调整后登记　　D. 汇总后登记

10. 日记总账把序时记录与总分类记录结合在一本账上反映，简化了(　　)的工作。且把全部账户集中在一张账页上，便于记账和查账。

A. 汇总与登记总账　　B. 对账

C. 结账　　D. 记账

11. 企业的收入和费用按收入权利的取得和费用责任形成的日期作为收入与费用归属期的制度，被称为(　　)。

A. 收付实现制　　B. 权责发生制

C. 法人制　　D. 公司制

12. 企业期末账项调整主要的理论依据是(　　)。

A. 公司治理　　B. 风险管理

C. 结账制度　　D. 权责发生制

13. 在各个会计期间终了，编制试算平衡表的目的是(　　)。

A. 程序要求　　B. 检查记账正确性

C. 结账要求　　D. 审计要求

14. 采用科目汇总表账务处理程序，最大的优点在于(　　)。

A. 简化登记总账工作　　B. 简化登记明细账工作

C. 简化结账工作　　D. 简化登记日记账工作

15. 采用日记总账账务处理程序，最大的优点在于(　　)。

A. 便于记账、查账　　B. 便于登记明细账

C. 便于结账工作　　D. 便于登记日记账

四、多项选择题

1. 典型的会计循环的第一步要做的包括(　　)。

A. 归集经济数据　　B. 分析经济业务

C. 结清会计数据　　D. 核算经济数据

E. 编制记账凭证

2. 发生在会计期间内(非期末发生)的会计循环的主要步骤有(　　)。

A. 作出结账分录，并过入分类账

B. 编制调整后/结账后试算平衡表

C. 根据总分类账和明细分类账编制会计报表

D. 归集经济数据，分析经济业务，编制记账凭证

E. 把记账凭证上所反映的经济业务过入总分类账和明细分类账

3. 调整账项一般具有的特点有(　　)。

A. 一般在期末进行

B. 把资产负债表账户和利润表账户区分开来

C. 与其经济影响跨越几个会计期间的业务有关

D. 所涉及的账户往往是一个资产负债表账户

E. 其中一个是利润表账户

4. 结账是指在会计期末为了编制会计报表将账户结算清楚的会计工作，主要包括的内容有(　　)。

A. 结清收入、费用账户

B. 在“本年利润”中体现企业的最终经营成果

C. 划红线

D. 结清所有资产的发生额合计及余额

E. 结清负债和所有者权益账户的发生额合计及余额

5. 在下列错误中,不可以用试算平衡检验出来的有(　　)。

A. 漏记某一业务　　B. 借贷方向搞错

C. 漏记借方金额　　D. 漏记贷方金额

E. 重复登记某一业务

6. 科目汇总表账务处理程序与记账凭证账务处理程序相比,在凭证、账簿、报表的设置中具有的特点包括(　　)。

A. 增设科目汇总表

B. 增设汇总记账凭证

C. 总分类账格式中削减对应科目栏

D. 增加结算凭证栏

E. 增设借贷方向栏

7. 登记明细分类账的依据有(　　)。

A. 科目汇总表　　B. 收款凭证

C. 付款凭证　　D. 转账凭证

E. 记账凭证后所附的原始凭证

8. 下列(　　)是编制会计报表的依据。

A. 三栏式现金日记账　　B. 三栏式银行存款日记账

C. 科目汇总表　　D. 总分类账

E. 明细分类账

9. 为了便于转账凭证在汇总记账凭证账务处理程序中的汇总,每张转账凭证只能填写(　　)的会计分录,不能填列一借多贷或多借多贷的会计分录。

A. 一借一贷　　B. 一借多贷

C. 一贷多借　　D. 多借多贷

E. 不借不贷

10. 在日记总账账务处理程序下,总分类账则是把(　　)结合起来的混合型账簿。

A. 备查账　　B. 科目汇总表

C. 序时账　　D. 汇总记账凭证

E. 分类账

11. 过账的方法,因采用不同的账务处理程序的不同而不同,一般来说,应根据(　　)登记总分类账。

A. 备查账　　B. 科目汇总表

C. 日记分类账　　D. 汇总记账凭证

E. 记账凭证

12. 原始凭证是记录经济业务的发生或完成,明确经济责任,作为记账依据的原始证明文件。下列(　　)属于原始凭证。

A. 增值税发票　　B. 银行转账支票

C. 工资单　　D. 差旅费发票

E. 销售合约

13. 记账凭证是会计人员根据审核无误的原始凭证编制的, 在实践中, 通常采用专用格式,分为(　　)。

A. 记账凭证　　B. 付款凭证

C. 收款凭证　　D. 转账凭证

E. 销售凭证

14. 明细分类账户格式主要有(　　)。

A. 三栏式　　B. 跨期式

C. 分类式　　D. 数量金额式

E. 多栏式

15. 构成账务处理程序的要素有(　　)。

A. 会计凭证　　B. 会计账簿

C. 记账顺序　　D. 管理报表

E. 试算凭证

五、计算分析题

1. 假定某企业为小规模纳税人,期初原材料余额为下表所示:

材料名称及规格	计量单位	数　量	单价(元)	金额(元)
白色板材	吨	25	7516.00	187900
彩色钢板	吨	8	8293.75	66350
ADD 板料	吨	20	15850.00	317000

要求：根据上列数据，计算上述原材料中的不含增值税的成本。

2. 某企业 AA 期末应收账款总账借方余额为 157000 元，其明细分类账户：南方公司的借方余额为 168000 元，黄海公司期末贷方余额为 11000 元，假定该企业不设置预收账款账户。

要求：计算出该企业期末资产负债表中应收账款项目金额。

六、业务题

假设长江公司是一家于 2006 年 11 月 30 日成立的家具生产企业，注册资本为 600 万元，其中：股东 A 投入现金 300 万元，当即缴入长江公司银行账户，享有股份50%；股东B投入房屋一幢，其原始价值700万元，已提折旧300万元，经评估的确认的价值为400万元，享有余下50%的股权。如果11月该企业没有发生过其他业务，则11月末各账户的期末余额见表8-1。

表8-1 单位：元

资　产	期末余额	负债与所有者权益	期末余额
银行存款	3000000	实收资本	6000000
固定资产	4000000	资本公积	1000000
合　计	7000000	合　计	7000000

12月份发生下列经济业务：

1. 12月1日，购入同类不需安装的机器设备一批，专用发票上列明的价值为234万元，对方代垫运费1万元，当即用银行存款支付。

2. 12月1日，向开户银行借入3年期、年利率6%的贷款300万元，每年计息一次，到期还本付息。

3. 12月1日，购入原材料一批，其中：甲材料100吨，单价3000元(不含税)，增值税额51000元；乙材料100吨，单价4000元(不含税)，增值税额68000元，材料已发出，正在运输途中，货款当即委托银行支付。

4. 12月2日，用银行存款支付12月1日购入的甲、乙材料的运杂费60000元。材料已验收入库(材料运费按货物重量分摊)。

5. 12月4日，为建立一个稳定的原材料加工基地，公司以100万元购入F公司40%的股份，进行长期股权投资。

6. 12月4日，在公开市场上购入B公司债券，作为交易性金融资产持有，实际支付价款为310000元，另付相关税费5000元。

7. 12月5日，仓库发出材料投入生产，具体内容见表4-2。

表 4-2　　　　发出材料汇总表

材料种类 / 领用部门	甲材料（计量单位：吨，单价：3300元）		乙材料（计量单位：吨，单价：4300元）	
	数量	金额	数量	金额
生产车间领用				
其中：生产办公家具	50	165000	50	215000
生产经典家具	10	33000	30	129000
车间一般性耗用	5	16500	2	8600
厂部行政管理部门耗用	3	9900	1	4300
合　计	68	224400	83	356900

8. 12月15日，分配并结转本月应付职工的薪酬，具体内容见表4-3。

表 4-3　　　　应付职工薪酬计算表　　　　单位：元

费用种类 / 部门	工　资	福利费计提比例	福利费用	合　计
生产车间工人				
其中：生产办公家具工人	500000	14%	70000	570000
生产经典家具工人	200000	14%	28000	228000
车间管理人员	100000	14%	14000	114000
厂部行政管理人员	200000	14%	28000	228000
合　计	1000000		140000	1140000

9. 12月31日，收到本月水电费清单，其中：自来水费50000元，电费150000元当即用银行存款支付（生产车间应承担60%，厂部行政管理部门应承担40%）。

10. 12月31日，计提本月固定资产折旧39000元，其中：生产车间29000元，厂部行政管理部门10000元。

11. 12月31日，预提应由本月承担的银行借款利息15000元。

12. 12月31日，按产品的生产工人工资比例分配本月的制造费用。

13. 12月31日，假定投产的办公家具(200套)、经典家具(100套)本月全部完工，并验收入库。

14. 12月31日，出售办公家具200套，销售单价(不含税)10000元，经典家具100套，销售单价(不含税)9000元，货已发出，款项未收。

15. 12月31日，结转已售产品的销售成本。

16. 12月31日，F公司宣布本年度实现税后净利40000元，其中:分红20000元，长江公司已收到一张8000元的红利支票。(又假定12月4日购入的B公司债券在本资产负债表日的公允价值没有变化)

17. 12月31日，结转本月利润账户。

18. 12月31日，按25%的所得税率计算本月应纳所得税额。

19. 12月31日，将税后利润转入利润分配账户。

20. 12月31日，按本年实现净利润的10%提取法定盈余公积；按本年实现净利润的5%提取任意公益金；宣布分配投资者利润10000元。

要求：

(1)根据原始凭证或原始凭证汇总表编制记账凭证。

(2)根据记账凭证(会计分录)登记现金日记账、银行存款日记账。

(3)根据记账凭证(会计分录)登记原材料明细账、生产成本、库存商品明细账。

(4)根据记账凭证(会计分录)编制科目汇总表。

(5)根据科目汇总表登记总分类账。

(6)日记账与总分类账核对，明细账与总分类账核对，以保证账账相符。

(7)根据总账与明细分类账编制主要会计报表。

会计习题用纸：

①编制记账凭证，见表4-4至表4-32。

表 4-4

收款凭证

收字第　　号

借方科目：　　　　　　年　　月　　日　　　　　　附件　　张

对方单位	摘　要	贷　方　科　目		金　　额								记账符号
		总账科目	明细科目	十	万	千	百	十	元	角	分	
银行结算方式及票号：												
合　计												

会计主管　　记账　　稽核　　出纳　　制证

表 4-5

收款凭证

收字第　　号

借方科目：　　　　　　年　　月　　日　　　　　　附件　　张

对方单位	摘　要	贷　方　科　目		金　　额								记账符号
		总账科目	明细科目	十	万	千	百	十	元	角	分	
银行结算方式及票号：												
合　计												

会计主管　　记账　　稽核　　出纳　　制证

表 4-6

付款凭证

付字第　　号

借方科目：　　　　年　　月　　日　　　　附件　　张

对方单位	摘要	贷方科目		金额								记账符号
		总账科目	明细科目	十	万	千	百	十	元	角	分	
银行结算方式及票号：												
合　计												

会计主管　　记账　　稽核　　出纳　　制证

表 4-7

付款凭证

付字第　　号

借方科目：　　　　年　　月　　日　　　　附件　　张

对方单位	摘要	贷方科目		金额								记账符号
		总账科目	明细科目	十	万	千	百	十	元	角	分	
银行结算方式及票号：												
合　计												

会计主管　　记账　　稽核　　出纳　　制证

表 4-8　　　　**付款凭证**

付字第　　号

借方科目：　　　　年　　月　　日　　　　附件　　张

对方单位	摘　要	贷　方　科　目		金　　　额								记账符号
		总账科目	明细科目	十	万	千	百	十	元	角	分	
银行结算方式及票号：												
合　计												

会计主管　　记账　　稽核　　出纳　　制证

表 4-9　　　　**付款凭证**

付字第　　号

借方科目：　　　　年　　月　　日　　　　附件　　张

对方单位	摘　要	贷　方　科　目		金　　　额								记账符号
		总账科目	明细科目	十	万	千	百	十	元	角	分	
银行结算方式及票号：												
合　计												

会计主管　　记账　　稽核　　出纳　　制证

表 4-10 **付款凭证**

付字第　　号

借方科目：　　　　　　年　　月　　日　　　　　　附件　　张

对方单位	摘　要	贷　方　科　目		金　　额								记账符号
		总账科目	明细科目	十	万	千	百	十	元	角	分	
银行结算方式及票号：												
合　计												

会计主管　　记账　　稽核　　出纳　　制证

表 4-11 **付款凭证**

付字第　　号

借方科目：　　　　　　年　　月　　日　　　　　　附件　　张

对方单位	摘　要	贷　方　科　目		金　　额								记账符号
		总账科目	明细科目	十	万	千	百	十	元	角	分	
银行结算方式及票号：												
合　计												

会计主管　　记账　　稽核　　出纳　　制证

表 4-12　　　　　　　　　　**付款凭证**

付字第　　号

借方科目：　　　　　　年　　月　　日　　　　　　附件　　张

对方单位	摘　要	贷方科目		金额								记账符号
		总账科目	明细科目	十	万	千	百	十	元	角	分	
银行结算方式及票号：												
合　计												

会计主管　　记账　　稽核　　出纳　　制证

表 4-13　　　　　　　　　　**转账凭证**

转字第　　号

年　　月　　日　　　　　　附件　　张

摘要	总账科目	明细科目	借方金额								记账符号	贷方金额								记账符号
			十	万	千	百	十	元	角	分		十	万	千	百	十	元	角	分	
合　计																				

会计主管　　记账　　稽核　　制证

表 4-14　　　　　　　　　　**转账凭证**

转字第　　号

年　　月　　日　　　　　　　　附件　　张

摘要	总账科目	明细科目	借方金额								记账符号	贷方金额								记账符号
			十	万	千	百	十	元	角	分		十	万	千	百	十	元	角	分	
合　　计																				

会计主管　　　　记账　　　　稽核　　　　制证

表 4-15　　　　　　　　　　**转账凭证**

转字第　　号

年　　月　　日　　　　　　　　附件　　张

摘要	总账科目	明细科目	借方金额								记账符号	贷方金额								记账符号
			十	万	千	百	十	元	角	分		十	万	千	百	十	元	角	分	
合　　计																				

会计主管　　　　记账　　　　稽核　　　　制证

表 4-16

转账凭证

转字第　　号

年　　月　　日　　　　附件　　张

摘要	总账科目	明细科目	借方金额								记账符号	贷方金额								记账符号
			十	万	千	百	十	元	角	分		十	万	千	百	十	元	角	分	
合　计																				

会计主管　　　　记账　　　　稽核　　　　制证

表 4-17

转账凭证

转字第　　号

年　　月　　日　　　　附件　　张

摘要	总账科目	明细科目	借方金额								记账符号	贷方金额								记账符号
			十	万	千	百	十	元	角	分		十	万	千	百	十	元	角	分	
合　计																				

会计主管　　　　记账　　　　稽核　　　　制证

表 4-18　　　　　　　　**转账凭证**

转字第　　号

年　　月　　日　　　　　　附件　　张

<table>
<tr><td rowspan="2">摘要</td><td>总账</td><td>明细</td><td colspan="8">借方金额</td><td>记账</td><td colspan="8">贷方金额</td><td>记账</td></tr>
<tr><td>科目</td><td>科目</td><td>十</td><td>万</td><td>千</td><td>百</td><td>十</td><td>元</td><td>角</td><td>分</td><td>符号</td><td>十</td><td>万</td><td>千</td><td>百</td><td>十</td><td>元</td><td>角</td><td>分</td><td>符号</td></tr>
<tr><td></td><td></td><td></td><td></td><td></td><td></td><td></td><td></td><td></td><td></td><td></td><td></td><td></td><td></td><td></td><td></td><td></td><td></td><td></td><td></td><td></td></tr>
<tr><td></td><td></td><td></td><td></td><td></td><td></td><td></td><td></td><td></td><td></td><td></td><td></td><td></td><td></td><td></td><td></td><td></td><td></td><td></td><td></td><td></td></tr>
<tr><td></td><td></td><td></td><td></td><td></td><td></td><td></td><td></td><td></td><td></td><td></td><td></td><td></td><td></td><td></td><td></td><td></td><td></td><td></td><td></td><td></td></tr>
<tr><td></td><td></td><td></td><td></td><td></td><td></td><td></td><td></td><td></td><td></td><td></td><td></td><td></td><td></td><td></td><td></td><td></td><td></td><td></td><td></td><td></td></tr>
<tr><td></td><td></td><td></td><td></td><td></td><td></td><td></td><td></td><td></td><td></td><td></td><td></td><td></td><td></td><td></td><td></td><td></td><td></td><td></td><td></td><td></td></tr>
<tr><td colspan="3">合　　计</td><td></td><td></td><td></td><td></td><td></td><td></td><td></td><td></td><td></td><td></td><td></td><td></td><td></td><td></td><td></td><td></td><td></td><td></td></tr>
</table>

会计主管　　　　记账　　　　稽核　　　　制证

表 4-19　　　　　　　　**转账凭证**

转字第　　号

年　　月　　日　　　　　　附件　　张

<table>
<tr><td rowspan="2">摘要</td><td>总账</td><td>明细</td><td colspan="8">借方金额</td><td>记账</td><td colspan="8">贷方金额</td><td>记账</td></tr>
<tr><td>科目</td><td>科目</td><td>十</td><td>万</td><td>千</td><td>百</td><td>十</td><td>元</td><td>角</td><td>分</td><td>符号</td><td>十</td><td>万</td><td>千</td><td>百</td><td>十</td><td>元</td><td>角</td><td>分</td><td>符号</td></tr>
<tr><td></td><td></td><td></td><td></td><td></td><td></td><td></td><td></td><td></td><td></td><td></td><td></td><td></td><td></td><td></td><td></td><td></td><td></td><td></td><td></td><td></td></tr>
<tr><td></td><td></td><td></td><td></td><td></td><td></td><td></td><td></td><td></td><td></td><td></td><td></td><td></td><td></td><td></td><td></td><td></td><td></td><td></td><td></td><td></td></tr>
<tr><td></td><td></td><td></td><td></td><td></td><td></td><td></td><td></td><td></td><td></td><td></td><td></td><td></td><td></td><td></td><td></td><td></td><td></td><td></td><td></td><td></td></tr>
<tr><td></td><td></td><td></td><td></td><td></td><td></td><td></td><td></td><td></td><td></td><td></td><td></td><td></td><td></td><td></td><td></td><td></td><td></td><td></td><td></td><td></td></tr>
<tr><td></td><td></td><td></td><td></td><td></td><td></td><td></td><td></td><td></td><td></td><td></td><td></td><td></td><td></td><td></td><td></td><td></td><td></td><td></td><td></td><td></td></tr>
<tr><td colspan="3">合　　计</td><td></td><td></td><td></td><td></td><td></td><td></td><td></td><td></td><td></td><td></td><td></td><td></td><td></td><td></td><td></td><td></td><td></td><td></td></tr>
</table>

会计主管　　　　记账　　　　稽核　　　　制证

表 4-20

转账凭证

转字第　　号

年　　月　　日　　　　附件　　张

摘要	总账科目	明细科目	借方金额								记账符号	贷方金额								记账符号
			十	万	千	百	十	元	角	分		十	万	千	百	十	元	角	分	
合　计																				

会计主管　　　　记账　　　　稽核　　　　制证

表 4-21

转账凭证

转字第　　号

年　　月　　日　　　　附件　　张

摘要	总账科目	明细科目	借方金额								记账符号	贷方金额								记账符号
			十	万	千	百	十	元	角	分		十	万	千	百	十	元	角	分	
合　计																				

会计主管　　　　记账　　　　稽核　　　　制证

表 4-22

转账凭证

转字第　　号

年　　月　　日　　　　　　附件　　张

摘要	总账科目	明细科目	借方金额								记账符号	贷方金额								记账符号
			十	万	千	百	十	元	角	分		十	万	千	百	十	元	角	分	
合　计																				

会计主管　　　　记账　　　　稽核　　　　制证

表 4-23

转账凭证

转字第　　号

年　　月　　日　　　　　　附件　　张

摘要	总账科目	明细科目	借方金额								记账符号	贷方金额								记账符号
			十	万	千	百	十	元	角	分		十	万	千	百	十	元	角	分	
合　计																				

会计主管　　　　记账　　　　稽核　　　　制证

表 4-24　　　　　　　　　　　　转账凭证

转字第　　号

年　　月　　日　　　　　　　　附件　　张

摘要	总账科目	明细科目	借方金额								记账符号	贷方金额								记账符号
			十	万	千	百	十	元	角	分		十	万	千	百	十	元	角	分	
合　计																				

会计主管　　　　记账　　　　稽核　　　　制证

表 4-25　　　　　　　　　　　　转账凭证

转字第　　号

年　　月　　日　　　　　　　　附件　　张

摘要	总账科目	明细科目	借方金额								记账符号	贷方金额								记账符号
			十	万	千	百	十	元	角	分		十	万	千	百	十	元	角	分	
合　计																				

会计主管　　　　记账　　　　稽核　　　　制证

表 4-26

转账凭证

转字第　　号

年　　月　　日　　　　附件　　张

摘要	总账科目	明细科目	借方金额								记账符号	贷方金额								记账符号
			十	万	千	百	十	元	角	分		十	万	千	百	十	元	角	分	
合　计																				

会计主管　　　　记账　　　　稽核　　　　制证

表 4-27

转账凭证

转字第　　号

年　　月　　日　　　　附件　　张

摘要	总账科目	明细科目	借方金额								记账符号	贷方金额								记账符号
			十	万	千	百	十	元	角	分		十	万	千	百	十	元	角	分	
合　计																				

会计主管　　　　记账　　　　稽核　　　　制证

表 4-28

转账凭证

转字第　　号

年　　月　　日　　　　附件　　张

摘要	总账科目	明细科目	借方金额								记账符号	贷方金额								记账符号
			十	万	千	百	十	元	角	分		十	万	千	百	十	元	角	分	
合　　计																				

会计主管　　　　记账　　　　稽核　　　　制证

表 4-29

转账凭证

转字第　　号

年　　月　　日　　　　附件　　张

摘要	总账科目	明细科目	借方金额								记账符号	贷方金额								记账符号
			十	万	千	百	十	元	角	分		十	万	千	百	十	元	角	分	
合　　计																				

会计主管　　　　记账　　　　稽核　　　　制证

表 4-30 转账凭证

转字第　　号

年　　月　　日　　　　附件　　张

摘要	总账科目	明细科目	借方金额								记账符号	贷方金额								记账符号
			十	万	千	百	十	元	角	分		十	万	千	百	十	元	角	分	
合　计																				

会计主管　　　　记账　　　　稽核　　　　制证

表 4-31 转账凭证

转字第　　号

年　　月　　日　　　　附件　　张

摘要	总账科目	明细科目	借方金额								记账符号	贷方金额								记账符号
			十	万	千	百	十	元	角	分		十	万	千	百	十	元	角	分	
合　计																				

会计主管　　　　记账　　　　稽核　　　　制证

表 4-32 **转账凭证**

转字第　　号

年　　月　　日　　　　附件　　张

摘要	总账科目	明细科目	借方金额								记账符号	贷方金额								记账符号
			十	万	千	百	十	元	角	分		十	万	千	百	十	元	角	分	
合　计																				

会计主管　　　　记账　　　　稽核　　　　制证

②记银行存款日记账，见表 4-33。（注：本题因未涉及现金项目，故省略现金日记账）

表 4-33 **银行存款日记账**

年		记账凭证		摘要	结算凭证		对方科目	收入	付出	余额
月	日	字	号		类别	号码				
12	1			期初余额						3000000

③登记明细分类账，见表 4-34 至表 4-36。

表 4-34 **原材料明细账**

存货名称： 数量单位:吨 金额单位:元

年		记账凭证		摘　要	借方金额			贷方金额			借或贷	余　额		
月	日	字	号		数量	单价	金额	数量	单价	金额		数量	单价	金额
				本期发生额合计及期末余额										

存货名称： 数量单位:吨 金额单位:元

年		记账凭证		摘　要	借方金额			贷方金额			借或贷	余　额		
月	日	字	号		数量	单价	金额	数量	单价	金额		数量	单价	金额
				本期发生额合计及期末余额										

表 4-35 **生产成本明细分类账**

产品品种:办公家具 单位:元

年		凭证号	摘　　要	借方(成本项目)				贷方	借或贷	余额
月	日			直接材料	直接人工	制造费用	合计			
			本期发生额合计及期末余额							

产品品种:经典家具　　　　　　　　　　　　　　　　　　　单位:元

年		凭证号	摘　要	借方(成本项目)				贷方	借或贷	余额
月	日			直接材料	直接人工	制造费用	合计			
			本期发生额合计及期末余额							

表 4-36　　　　　　　　**库存商品明细账**

存货名称:　　　　　　　　　　　　　　　数量单位:套　金额单位:元

年		记账凭证		摘　要	借方金额			贷方金额			借或贷	余　额		
月	日	字	号		数量	单价	金额	数量	单价	金额		数量	单价	金额
				本期发生额合计及期末余额										

存货名称:　　　　　　　　　　　　　　　数量单位:套　金额单位:元

年		记账凭证		摘　要	借方金额			贷方金额			借或贷	余　额		
月	日	字	号		数量	单价	金额	数量	单价	金额		数量	单价	金额
				本期发生额合计及期末余额										

④编制科目汇总表,见表 4-37。

表 4-37

科目汇总表

年　　月　　日至　　日

会计科目	本期发生额		账　　页
	借　　方	贷　　方	
			略
合　　计			

⑤登记总分类账，见表 4-38 至表 4-66。

表 4-38

总分类账

会计科目：　　　　　　　　　　　　　　　　第　　页

年		凭证号数	摘　　要	借方	贷方	借或贷	余额
月	日						
			期初余额				

表 4-39

总分类账

会计科目：　　　　　　　　　　　　　　　　第　　页

年		凭证号数	摘　　要	借方	贷方	借或贷	余额
月	日						
			期初余额				

表 4-40　　总分类账

会计科目：　　第　　页

年		凭证号数	摘　　要	借方	贷方	借或贷	余额
月	日						
			期初余额				

表 4-41　　总分类账

会计科目：　　第　　页

年		凭证号数	摘　　要	借方	贷方	借或贷	余额
月	日						
			期初余额				

表 4-42　　总分类账

会计科目：　　第　　页

年		凭证号数	摘　　要	借方	贷方	借或贷	余额
月	日						
			期初余额				

表 4-43 **总分类账**

会计科目：　　　　　　　　　　　　第　页

年		凭证号数	摘　要	借方	贷方	借或贷	余额
月	日						
			期初余额				

表 4-44 **总分类账**

会计科目：　　　　　　　　　　　　第　页

年		凭证号数	摘　要	借方	贷方	借或贷	余额
月	日						
			期初余额				

表 4-45 **总分类账**

会计科目：　　　　　　　　　　　　第　页

年		凭证号数	摘　要	借方	贷方	借或贷	余额
月	日						
			期初余额				

表 4-46 **总分类账**

会计科目： 第 页

年		凭证号数	摘 要	借方	贷方	借或贷	余额
月	日						
			期初余额				

表 4-47 **总分类账**

会计科目： 第 页

年		凭证号数	摘 要	借方	贷方	借或贷	余额
月	日						
			期初余额				

表 4-48 **总分类账**

会计科目： 第 页

年		凭证号数	摘 要	借方	贷方	借或贷	余额
月	日						
			期初余额				

表 4-49 总分类账

会计科目：　　　　　　　　　　　　第　　页

年		凭证号数	摘　　要	借方	贷方	借或贷	余额
月	日						
			期初余额				

表 4-50 总分类账

会计科目：　　　　　　　　　　　　第　　页

年		凭证号数	摘　　要	借方	贷方	借或贷	余额
月	日						
			期初余额				

表 4-51 总分类账

会计科目：　　　　　　　　　　　　第　　页

年		凭证号数	摘　　要	借方	贷方	借或贷	余额
月	日						
			期初余额				

表 4-52 总分类账

会计科目： 第 页

年		凭证号数	摘 要	借方	贷方	借或贷	余额
月	日						
			期初余额				

表 4-53 总分类账

会计科目： 第 页

年		凭证号数	摘 要	借方	贷方	借或贷	余额
月	日						
			期初余额				

表 4-54 总分类账

会计科目： 第 页

年		凭证号数	摘 要	借方	贷方	借或贷	余额
月	日						
			期初余额				

表 4-55　　总分类账

会计科目：　　第　页

年		凭证号数	摘　　要	借方	贷方	借或贷	余额
月	日						
			期初余额				

表 4-56　　总分类账

会计科目：　　第　页

年		凭证号数	摘　　要	借方	贷方	借或贷	余额
月	日						
			期初余额				

表 4-57　　总分类账

会计科目：　　第　页

年		凭证号数	摘　　要	借方	贷方	借或贷	余额
月	日						
			期初余额				

表 4-58　　　　总分类账

会计科目：　　　　第　　页

年		凭证号数	摘　　要	借方	贷方	借或贷	余额
月	日						
			期初余额				

表 4-59　　　　总分类账

会计科目：　　　　第　　页

年		凭证号数	摘　　要	借方	贷方	借或贷	余额
月	日						
			期初余额				

表 4-60　　　　总分类账

会计科目：　　　　第　　页

年		凭证号数	摘　　要	借方	贷方	借或贷	余额
月	日						
			期初余额				

表 4-61　　**总分类账**

会计科目：　　　　第　　页

年		凭证号数	摘　　要	借方	贷方	借或贷	余额
月	日						
			期初余额				

表 4-62　　**总分类账**

会计科目：　　　　第　　页

年		凭证号数	摘　　要	借方	贷方	借或贷	余额
月	日						
			期初余额				

表 4-63　　**总分类账**

会计科目：　　　　第　　页

年		凭证号数	摘　　要	借方	贷方	借或贷	余额
月	日						
			期初余额				

表 4-64　　　　**总分类账**

会计科目：　　　　第　　页

年		凭证号数	摘　　要	借方	贷方	借或贷	余额
月	日						
			期初余额				

表 4-65　　　　**总分类账**

会计科目：　　　　第　　页

年		凭证号数	摘　　要	借方	贷方	借或贷	余额
月	日						
			期初余额				

表 4-66　　　　**总分类账**

会计科目：　　　　第　　页

年		凭证号数	摘　　要	借方	贷方	借或贷	余额
月	日						
			期初余额				

⑥编制主要会计报表，见表 4-67 至表 4-68。

表 4-67　　　　资产负债表

编制单位：　　　　年　月　日　　　　单位：元

资　产	期末数	负债与所有者权益	期末数
流动资产：		流动负债：	
货币资金		短期借款	
交易性金融资产		交易性金融负债	
应收票据		应付票据	
应收账款		应付账款	
减：坏账准备		预收账款	
应收账款净值		应付职工薪酬	
预付账款		应交税费	
应收利息		应付利息	
应收股利		应付股利	
其他应收款		其他应付款	
存货		一年内到期的长期负债	
一年内到期的非流动资产		其他流动负债	
其他流动资产		流动负债合计	
流动资产合计		长期负债：	
非流动资产：		长期借款	
可供出售金融资产		应付债券	
持有至到期金融资产		长期应付款	
长期应收款		其他非流动负债	
长期股权投资		非流动负债合计	
固定资产		负债合计	
在建工程		所有者权益：	
工程物资		实收资本	
固定资产清理		资本公积	
无形资产		盈余公积	
开发支出		未分配利润	
长期待摊费用		所有者权益合计	
其他非流动资产			
非流动资产合计			
资产总计		负债及所有者权益总计	

表 4-68　　利润表

编制单位：　　年　月　　单位：元

项　目	本月数	本年累计
一、营业收入		（略）
减：营业成本		
营业税金及附加		
销售费用		
管理费用		
财务费用		
加：公允价值变动收益（损失以“－”号填列）		
投资收益（损失以“－”号填列）		
二、营业利润		
加：营业外收入		
减：营业外支出		
三、利润总额（亏损总额以“－”号填列）		
减：所得税费用		
四、净利润（净亏损以“－”号填列）		
五、每股收益：		
（一）基本每股收益		
（二）稀释每股收益		

七、案例分析题

假定A、B、C三位同学大学毕业后，每人出资20万元，准备成立一家生产婴儿食品企业。而你受聘为公司成立的全权代理。

要求：(1)请列出公司成立过程中必要的步骤和工作。

(2)请列出公司成立过程中可能出现的问题及应注意的事项。

第四章参考答案

一、填空题

1. 程序与步骤　2. 过账或登账　3. 持续经营、会计分期　4. 递延收入　递延费用　应计收入　应计费用　5. 对账　账证相符　账账相符　账实相符　6. 结账　7. 会计凭证　会计账簿及记账顺序　8. 汇总　试算平衡

二、判断改错题

1. ×　2. √　3. ×　4. √　5. ×　6. ×　7. √　8. √　9. √　10. √

三、单项选择题

1. B　2. D　3. A　4. B　5. D　6. D　7. A　8. C　9. B　10. A　11. B　12. D　13. B　14. A　15. A

四、多项选择题

1. ABE　2. DE　3. ABCDE　4. ABCDE　5. ABE　6. AC　7. BCDE　8. DE　9. AC　10. CE　11. BCDE　12. ABCD　13. BCD　14. ADE　15. ABC

五、计算分析题

1. 488247.86 元

2. 168000 元

六、业务题

（注：为减少篇幅，本题分录答案、总分类账均用简化格式）

（1）

会计分录用纸 单位：元

序号	日期	摘要	账户名称	过账	借方金额	贷方金额
1	12月1日	购入设备	固定资产		2350000	
			银行存款			2350000
2	12月1日	借款	银行存款		3000000	
			长期借款			3000000
3	12月1日	购入材料	在途物资			
			—甲材料		300000	
			—乙材料		400000	
			应交税费—应交增值税—进项税额		119000	
			银行存款			819000
4	12月2日	付运杂费	在途物资			
			—甲材料		30000	
			—乙材料		30000	
			银行存款			60000
	12月2日	结转材料采购成本	原材料—甲材料		330000	
			—乙材料		430000	
			在途物资			
			—甲材料			330000
			—乙材料			430000

序号	日 期	摘 要	账户名称	过账	借方金额	贷方金额
5	12月4日	长期股权 投资	长期股权投资 —F公司		1000000	
			银行存款			1000000
6	12月4日	购入B 公司债券	交易性金融资产 —成本		310000	
			投资收益		5000	
			银行存款			315000
7	12月5日	领料	生产成本			
			—办公家具		380000	
			—经典家具		162000	
			制造费用		25100	
			管理费用		14200	
			原材料—甲材料			224400
			—乙材料			356900
8	12月15日	计算工资	生产成本			
			—办公家具		500000	
			—经典家具		200000	
			制造费用		100000	
			管理费用		200000	
			应付职工薪酬			1000000
	12月15日	计算 福利费	生产成本			
			—办公家具		70000	
			—经典家具		28000	
			制造费用		14000	
			管理费用		28000	
			应付职工薪酬			140000
9	12月31日	支付 水电费	制造费用		120000	
			管理费用		80000	
			银行存款			200000

序号	日 期	摘 要	账户名称	过账	借方金额	贷方金额
10	12 月 31 日	计提折旧	制造费用		29000	
			管理费用		10000	
			累计折旧			39000
11	12 月 31 日	预提借款利息	财务费用		15000	
			应付利息			15000
12	12 月 31 日	分配制造费用	生产成本			
			—办公家具		205000	
			—经典家具		83100	
			制造费用			288100
13	12 月 31 日	结转完工产品成本	库存商品			
			—办公家具		1155000	
			—经典家具		473100	
			生产成本			
			—办公家具			1155000
			—经典家具			473100
14	12 月 31 日	出售	应收账款		3393000	
			主营业务收入			2900000
			应交税费—应交增值税—销项税额			493000
15	12 月 31 日	结转销售成本	主营业务成本		1628100	
			库存商品			
			—办公家具			1155000
			—经典家具			473100
16	12 月 31 日	按权益法计算投资收益	长期股权投资			
			—F 公司		16000	
			投资收益			16000
			银行存款		8000	
			长期股权投资			
			—F 公司			8000

续表

序号	日 期	摘 要	账户名称	过账	借方金额	贷方金额
17	12月31日	结转本月利润	主营业务收入 投资收益 本年利润		2900000 11000	 2911000
			本年利润 管理费用 财务费用 主营业务成本		1975300	 332200 15000 1628100
18	12月31日	计算本月所得	所得税费用 应交税费 —应交所得税		233925	 233925
			本年利润 所得税费用		233925	 233925
19	12月31日	结转本年税后利润	本年利润 利润分配 —未分配利润		701775	 701775
20	12月31日		利润分配 —提取盈余公积 —提取任意公积 —应付股利 盈余公积 应付股利		 70177.5 35088.75 10000	 105266.25 10000

注：制造费用的分配率：288100÷(500000＋200000)≈0.41

其中：办公家具应承担：500000×0.41＝205000(元)

经典家具应承担：288100－205000＝83100(元)

（2）

银行存款日记账

单位：元

2006年		记账凭证		摘要	结算凭证		对方科目	收入	付出	余额
月	日	字	号		类别	号码				
12	1			期初余额						3000000
	1			购入设备			固定资产		2350000	
	1			借款			长期借款	3000000		
	1			购料			在途物资		819000	
	2			支付运杂费			在途物资		60000	
	4			投资					1000000	
	4			购B债券					315000	
	31			支付水电费					200000	
	31			收红利				8000		
12	31			本期发生额合计及期末余额				3008000	4744000	1264000

（3）

原材料明细账

存货名称：甲材料　　　　数量单位：吨　金额单位：元

2006年		记账凭证		摘要	借方金额			贷方金额			借或贷	余额		
月	日	字	号		数量	单价	金额	数量	单价	金额		数量	单价	金额
12	2			购料	100	3300	330000							
	5			领料				68	3300	224400		32	3300	105600
12	31			本期发生额合计及期末余额	100	3300	330000	68	3300	224400	借	32	3300	105600

存货名称:乙材料　　　　　　　　　　　　数量单位:吨　金额单位:元

2006年		记账凭证		摘要	借方金额			贷方金额			借或贷	余额		
月	日	字	号		数量	单价	金额	数量	单价	金额		数量	单价	金额
12	2			购料	100	4300	430000							
	5			领料				83	4300	356900		17	4300	73100
12	31			本期发生额合计及期末余额	100	4300	430000	83	4300	356900	借	17	4300	73100

生产成本明细分类账

产品品种:办公家具　　　　　　　　　　　　　　　　单位:元

2006年		凭证号	摘　　要	借方(成本项目)				贷方	借或贷	余额
月	日			直接材料	直接人工	制造费用	合计			
12	5		投料	380000			380000			
	15		工资		500000		500000			
	15		福利费		70000		70000			
	31		制造费用分配			205000	205000			
	31		完工转出					1155000		
	31		本期发生额合计及期末余额	380000	570000	205000	1155000	1155000	平	0

产品品种:经典家具　　　　单位:元

2006年		凭证号	摘　要	借方(成本项目)				贷方	借或贷	余额
月	日			直接材料	直接人工	制造费用	合计			
12	5		投料	162000			162000			
	15		工资		200000		200000			
	15		福利费		28000		28000			
	31		制造费用分配			83100	83100			
	31		完工转出					473100		
	31		本期发生额合计及期末余额	162000	228000	83100	473100	473100	平	0

库存商品明细账

存货名称:办公家具　　　　数量单位:吨　金额单位:元

2006年		记账凭证		摘要	借方金额			贷方金额			借或贷	金　额		
月	日	字	号		数量	单价	金额	数量	单价	金额		数量	单价	金额
12	30			入库	200	5775	1155000							
				出售				200	5775	1155000				0
12	30			本期发生额合计及期末余额	200	5775	1155000	200	5775	1155000	平			0

存货名称:经典家具　　　　　　　　　　　　　　　　　　数量单位:吨　金额单位:元

2006 年		记账凭证		摘要	借方金额			贷方金额			借或贷	金　额		
月	日	字	号		数量	单价	金额	数量	单价	金额		数量	单价	金额
12	30			入库	100	4731	473100							
				出售				100	4731	473100			0	
12	30			本期发生额合计及期末余额	100	4731	473100	100	4731	473100	平			0

（4）

科目汇总表

2006 年 12 月 1 日至 31 日

会计科目	本期发生额		账　页
	借　方	贷　方	
银行存款	3008000	4744000	
固定资产	2350000		
累计折旧		39000	
在途物资	760000	760000	
原材料	760000	581300	
应收账款	3393000		
交易性金融资产	310000		
长期股权投资	1016000	8000	
生产成本	1628100	1628100	（略）
制造费用	288100	288100	
管理费用	332200	332200	
财务费用	15000	15000	
库存商品	1628100	1628100	
主营业务成本	1628100	1628100	
长期借款		3000000	
实收资本			
资本公积			

续表

会计科目	本期发生额		账　页
	借　方	贷　方	
应交税费	119000	726925	（略）
应付职工薪酬		1140000	
应付利息		15000	
主营业务收入	2900000	2900000	
投资收益	16000	16000	
本年利润	2911000	2911000	
利润分配	115266.25	701775	
所得税费用	233925	233925	
盈余公积		105266.25	
应付利润		10000	
合　计	23411791.25	23411791.25	

（5）

总分类账

借方　　银行存款　　贷方

借方	贷方
期初余额：3000000	4744000
3008000	
期末余额：1264000	

借方　　固定资产　　贷方

借方	贷方
期初余额：4000000	
2350000	
期末余额：6350000	

借方　　累计折旧　　贷方

借方	贷方
	期初余额：　39000
	期末余额：　39000

借方　　实收资本　　贷方

借方	贷方
	期初余额：6000000
	期末余额：6000000

借方　　资本公积　　贷方

借方	贷方
	期初余额：1000000
	期末余额：1000000

借方　　长期借款　　贷方

借方	贷方
	期初余额：3000000
	期末余额：3000000

在途物资

借方	贷方
760000	760000
期末余额：0	

应交税费

借方	贷方
119000	726925
	期末余额：607925

原材料

借方	贷方
760000	581300
期末余额：178700	

生产成本

借方	贷方
1628100	1628100
期末余额：0	

应付职工薪酬

借方	贷方
	期初余额：1140000
	期末余额：1140000

制造费用

借方	贷方
288100	288100
期末余额：0	

管理费用

借方	贷方
332200	332200
期末余额：0	

交易性金融资产

借方	贷方
期初余额：310000	
期末余额：310000	

财务费用

借方	贷方
15000	15000
期末余额：0	

应付利息

借方	贷方
	期初余额：15000
	期末余额：15000

库存商品

借方	贷方
1628100	1628100
期末余额：0	

所得税费用

借方	贷方
233925	233925
期末余额：0	

借方　主营业务成本　贷方

借方	贷方
1628100	1628100
期末余额：0	

借方　主营业务收入　贷方

借方	贷方
2900000	2900000
	期末余额：0

借方　应收账款　贷方

借方	贷方
期初余额：3393000	
期末余额：3393000	

借方　本年利润　贷方

借方	贷方
2911000	2911000
	期末余额：0

借方　利润分配　贷方

借方	贷方
115266.25	701775
	期末余额：586508.75

借方　盈余公积　贷方

借方	贷方
	期初余额：105266.25
	期末余额：105266.25

借方　应付股利　贷方

借方	贷方
	期初余额：10000
	期末余额：10000

借方　投资收益　贷方

借方	贷方
16000	16000
	期末余额：0

借方　长期股权投资　贷方

借方	贷方
1016000	8000
期末余额：1008000	

（6）

资产负债表

编制单位：长江公司　　　　2006 年 12 月 31 日　　　　单位：元

资　　产	期末数	负债与所有者权益	期末数
流动资产：		流动负债：	
货币资金	1264000	短期借款	
交易性金融资产	310000	交易性金融负债	
应收票据		应付票据	
应收账款	3393000	应付账款	
减：坏账准备		预收账款	
应收账款净值	3393000	应付职工薪酬	1140000
预付账款		应交税费	607925
应收利息		应付利息	15000
应收股利		应付股利	10000
其他应收款		其他应付款	
存货	178700	一年内到期的长期负债	
一年内到期的非流动资产		其他流动负债	
其他流动资产		流动负债合计	1772925
流动资产合计	5145700	长期负债：	
非流动资产：		长期借款	3000000
可供出售金融资产		应付债券	
持有至到期金融资产		长期应付款	
长期应收款		其他非流动负债	
长期股权投资	1008000	非流动负债合计	3000000
固定资产	6350000	负债合计	4772925
在建工程		所有者权益：	
工程物资		实收资本	6000000
固定资产清理		资本公积	1000000
无形资产		盈余公积	105266.25
开发支出		未分配利润	586508.75
长期待摊费用		所有者权益合计	7691775
其他非流动资产			
非流动资产合计	7319000		
资产总计	12464700	负债及所有者权益总计	12464700

利润表

编制单位：　　　　　　　　　年　　月　　　　　　　　　　单位:元

项　　目	本月数	本年累计
一、营业收入	1628100	（略）
减:营业成本		
营业税金及附加		
销售费用		
管理费用	332200	
财务费用	15000	
加:公允价值变动收益(损失以“－”号填列)		
投资收益(损失以“－”号填列)	11000	
二、营业利润(亏损以“－”号填列)	935700	
加:营业外收入		
减:营业外支出		
三、利润总额(亏损总额以“－”号填列)	935700	
减:所得税费用	233925	
四、净利润(净亏损以“－”号填列)	701775	
五、每股收益:		
(一)基本每股收益		
(二)稀释每股收益		

七、案例分析题

请参照《公司法》、当地行政法规等的要求。

第五章　流动资产

一、填空题

1. 流动资产是指可以在________或者________________变现或耗用的资产。

2. 货币资金按其存放地点和用途的不同,可分为__________、__________和__________等。

3. 其他货币资金主要包括__________、__________、__________、__________和__________等。

4. 核算坏账损失的方法有__________和__________两种。

5. 商业汇票贴现,实质上是融通资金的一种信贷形式,贴现实得金额=__________－__________。

6. 建立坏账准备金是__________会计原则的本质要求。

7. 预付货款情况不多的企业,也可以将预付的货款直接记入__________的借方。

8. 在有现金折扣的情况下,应收账款入账金额的确认有__________和__________两种方法可供选择。我国目前会计实务中,一般采用__________法。

9. 存货数量的盘存方法有__________和__________。

二、判断改错题

1.(　　)我国会计上所说的现金是指库存的人民币。

2.(　　)如果企业银行存款日记账与银行对账单存在差额，是由于存在未达账项造成的，企业应该编制银行存款余额调节表，并据此进行相应的账务处理。

3.(　　)商业汇票的到期值就是它的面值。

4.(　　)“其他应收款”科目核算企业除应收票据、应收账款、预付账款以外的其他各种应收暂收款项。

5.(　　)企业期末应提取的坏账准备大于其账面余额时，应按其差额冲回坏账准备；应提取的坏账准备小于账面余额时，应按其差额补提坏账准备。

6.(　　)“坏账准备”账户贷方余额应列为利润表上的费用项目。

7.(　　)永续盘存制比较简单，但不利于对存货的控制。

8.(　　)存货的计价方法，企业可自行选用，也可随意变更。

9.(　　)存货的计价方法对企业损益的计算没有直接影响。

10.(　　)期末存货少计，会使当期的营业利润少计。

11.(　　)永续盘存制下，可以通过存货明细账的记录随时结出存货的结存数量，年终不需对存货进行盘点。

12.(　　)在定期盘存制下，进行存货实地盘点的目的，在于通过实地盘点确定期末存货数量，并倒挤本期销售或耗用成本。

13.(　　)在永续盘存制下,若盘点时发现账实不符,则应根据账面记录调整实际库存。

14.(　　)交易性金融资产的入账价值就是所购股票、债券的面值。

15.(　　)在购入股票进行短期持有的过程中,对方单位本期宣告发放但应于下期初支付的股利,应该予以确认,计入本期“投资收益”账户。

三、单项选择题

1. 在资产中,流动性最强的是(　　)。

A. 无形资产　　B. 长期待摊费用

C. 存货　　D. 库存现金

2. 企业应定期与开户银行核对账目,并编制(　　)。

A. 银行存款盘点表　　B. 银行对账单

C. 银行存款余额调节表　　D. 银行存款日记账

3. 面值 1000 元,6 个月到期,利率 8%的票据,持有 2 个月后向银行贴现,贴现率为 6%,则贴现息为(　　)。

A. 40 元　　B. 30 元

C. 20.80 元　　D. 19.20 元

4. 按企业会计准则的规定,应收及预付账款应当按(　　)记账。

A. 实际发生额　　B. 净值

C. 计划价额　　D. 债权金额

5. 交易性金融资产是指能够近期内出售并且以赚取(　　)为目的的投资。

A. 年终红利　　B. 利润

C. 年利　　　　　　　　　D. 差价

6. 应收票据是指企业在采用(　　)结算方式下,因销售产品等而收到的汇票。

A. 商业汇票　　　　　　　B. 银行汇票

C. 银行本票　　　　　　　D. 支票

7. 企业将未到期的应收票据予以贴现,其贴现利息应记入(　　)账户。

A. 管理费用　　　　　　　B. 销售费用

C. 财务费用　　　　　　　D. 制造费用

8."应收票据"账户应按(　　)进行核算。

A. 票面价值　　　　　　　B. 到期价值

C. 到期价值减贴现息　　　D. 到期价值加贴现息

9. 企业销售某商品,价目表中的报价为 10000 元,商业折扣为5%,付款条件为 2/10,1/20,n/30,在总价法下,应收账款的入账金额为(　　)。

A. 10000 元　　　　　　　B. 9500 元

C. 9800 元　　　　　　　D. 9719 元

10. 存货归属划分的标准是(　　)。

A. 交货地点　　　　　　　B. 存放地点

C. 交货时间　　　　　　　D. 所有权

11. 企业购进材料,在运输途中支付的各种运输费用应(　　)。

A. 计入产品销售成本　　　B. 作为费用处理

C. 计入材料成本　　　　　D. 计入产品生产成本

12. 企业购买存货所取得的现金折扣,应计入(　　)。

A. 购货成本　　　　　　　B. 投资收益

C. 营业外收入　　　　　　D. 财务费用

13. 企业会计准则规定:"各种存货应当按取得时的(　　)记账。"

A. 计划成本　　　　　　　B. 实际成本

C. 标准成本　　　　　　　　D. 购货价格

14. 经批准，属于非常损失所造成的存货毁损净损失应计入(　　)。

A. 管理费用　　　　　　　　B. 制造费用

C. 销售费用　　　　　　　　D. 营业外支出

15. 对于属于自然损耗产生的定额内合理的亏损，经批准后，可转作(　　)。

A. 财务费用　　　　　　　　B. 营业外支出

C. 销售费用　　　　　　　　D. 管理费用

四、多项选择题

1. 按规定企业可以用现金支付的款项有(　　)。

A. 职工报销医药费 3000 元

B. 向其他单位购买原材料款 500 元

C. 职工工资 10000 元

D. 付给某乡镇居民个人劳务报酬 2000 元

2. 现金收入的主要途径有(　　)。

A. 从银行提取现金

B. 收取结算起点以下的零星销售款

C. 职工交回差旅费剩余款

D. 银行存款利息收入

3. 企业发生的未达账项通常有(　　)。

A. 银行已收款入账，企业尚未收款入账

B. 企业已收款，但尚未记账

C. 银行已付款入账，企业尚未付款入账

D. 企业已付款入账，银行尚未付款入账

4. 在(　　)情况下，企业的银行存款日记账余额会大于银行对账单余额。

A. 企业已将销货后收到的支票送存银行，银行尚未入账

B. 银行代扣借款利息，企业尚未接到通知

C. 银行误将本企业的存款记入其他公司的存款户

D. 银行收到委托收款结算方式下的结算款项，企业尚未收到通知

5. 下列各项中，（　　）属于其他货币资金的内容。

A. 备用金　　B. 外埠存款

C. 银行汇票存款　　D. 结算应收款

6. 下列项目中，不应计入交易性金融资产取得成本的是（　　）。

A. 支付的交易费用

B. 支付的不含应收股利的购买价款

C. 支付的已到付息期但尚未领取的利息

D. 购买价款中已宣告尚未领取的现金股利

7. 坏账损失备抵法的优点有（　　）。

A. 核算简单明了

B. 正确反映应收账款的净值

C. 避免坏账损失

D. 收入与费用配比

8. 需计提坏账准备的项目包括（　　）。

A. 应收账款　　B. 其他应收款

C. 预付账款　　D. 应收票据

9. 下列各项中，应在“坏账准备”账户贷方反映的有（　　）。

A. 提取的坏账准备

B. 收回前期已确认为坏账并转销的应收账款

C. 发生的坏账损失

D. 冲销的坏账准备

10. 应收票据包括（　　）。

A. 银行本票　　B. 商业承兑汇票

C. 银行承兑汇票　　D. 委托收款凭证

E. 支票

11. 预付货款属于企业的(　　)。

A. 短期性债权　　B. 短期性债务

C. 流动资产　　D. 长期待摊费用

E. 无形资产

12. 下列各项中,应在“其他应收款”科目核算的有(　　)。

A. 应收保险公司的各项赔款

B. 应收的各种罚款

C. 租入包装物支付的押金

D. 应向职工收取的暂付款项

13. 下列资产中属于存货的有(　　)。

A. 材料　　B. 产成品

C. 在产品　　D. 低值易耗品

14. 下列项目中,应计入企业存货成本的有(　　)。

A. 进口原材料支付的关税

B. 生产过程中发生的制造费用

C. 原材料入库前的挑选整理费用

D. 自然灾害造成的原材料净损失

15. 按假定的存货收发次序计算存货成本的方法有(　　)。

A. 先进先出法　　B. 后进先出法

C. 加权平均法　　D. 分批确认法

16. 我国《存货》准则规定,发出存货的计价可采用(　　)。

A. 先进先出法　　B. 后进先出法

C. 先进后出法　　D. 移动加权平均法

17. 企业期末编制资产负债表时,下列各项应包括在“存货”项目的是(　　)。

A. 委托加工物资

B. 在途物资

C. 为在建工程购入的工程物资

D. 生产过程中的在产品

18. 在计算期末存货可变现净值时，应从估计售价中扣除的项目有(　　)。

A. 存货的账面成本

B. 估计的销售费用

C. 估计的销售过程中发生的相关税金

D. 估计的出售前进一步加工的加工费用

五、计算分析题

1. 长江公司 4 月 30 日银行存款日记账账面余额 63500 元，而银行对账单余额为 65600 元，经逐笔核对，发现有下列情况：

(1) 公司于 4 月 29 日送存转账支票 1700 元，银行尚未入企业账户。

(2) 公司 4 月 30 日开出支票一张付购书款 1120 元，持票人尚未送到银行办理转账。

(3) 公司由银行托收到中南公司货款 2800 元，收款通知尚未收到。

(4) 银行已代付电费 120 元，付款通知尚未送到。

要求：根据资料编制银行存款余额调节表。

表 5-1　　**银行存款余额调节表**　　单位：元

项　　目	金　额	项　　目	金　额
银行存款日记账账面余额：		银行对账单余额：	
加：		加：	
减：		减：	
调整后的余额		调整后的余额	

2．一张票面为20000元，利率7%，90天到期的带息应收票据，企业已持有30天，现按9%的贴现率进行贴现。要求如下：

(1)计算该企业可实现的贴现款。

(2)编制贴现的会计分录。

3．ABC公司2005年首次计提坏账准备，年末应收账款余额为110万元，坏账准备提取比率为5‰。2006年发生坏账损失0.4万元，其中M公司0.3万元，N公司0.1万元，年末应收账款余额为130万元。2007年收回上年已转销的M公司应收账款0.3万元，年末应收账款余额为100万元。

要求：计算2005年、2006年、2007年应提取的坏账准备数和资产负债表中“应收账款”项目数额，并编制2007年有关会计分录。

4．某企业仓库6月份发生材料收发业务如下：

(1)6月初结存甲材料500千克，单价1.10元。

(2)2日，购入材料400千克，单价1.15元。

(3)5日，领用700千克。

(4)7日，购入400千克，单价1.25元。

(5)13日，购入200千克，单价0.95元。

(6)16日，领用600千克。

(7)19日，购入300千克，单价1.20元。

(8)23日，购入600千克，单价1.10元。

(9)25日，领用400千克。

(10)27 日，领用 200 千克。

(11)30 日，购入 100 千克，单价 1.05 元。

要求：

分别采用全月一次加权平均法、移动加权平均法、先进先出法、后进先出法计算仓库发出的甲材料的成本及月末结存材料成本。(见表 5-2 至表 5-5，计算结果保留两位小数)

表 5-2　　全月一次加权平均法

材料名称：甲　　　　数量单位：千克　金额单位：元

××年		凭证编号	摘　要	收　入			发　出			结　存		
月	日			数量	单价	金额	数量	单价	金额	数量	单价	金额
6	1	××	月初余额									
	2	××	购入									
	5		领用									
	7		购入									
	13		购入									
	16		领用									
	19		购入									
	23		购入									
	25		领用									
	27		领用									
	30		购入									
			合计									

综合平均单价＝

本期发出存货成本＝

期末存货成本＝

表 5-3 **移动加权平均法**

材料名称：甲　　　　数量单位：千克　金额单位：元

××年		凭证编号	摘要	收入			发出			结存		
月	日			数量	单价	金额	数量	单价	金额	数量	单价	金额
6	1	××	月初余额									
	2	××	购入									
	5		领用									
	7		购入									
	13		购入									
	16		领用									
	19		购入									
	23		购入									
	25		领用									
	27		领用									
	30		购入									
			合计									

2 日加权平均单价＝

7 日加权平均单价＝

13 日加权平均单价＝

19 日加权平均单价＝

23 日加权平均单价＝

30 日加权平均单价＝

本期发出存货成本＝

期末存货成本＝

表 5-4　　　　　　　　　　先进先出法

材料名称：甲　　　　　　　　　　数量单位：千克　金额单位：元

××年		凭证编号	摘　要	收　入			发　出			结　存		
月	日			数量	单价	金额	数量	单价	金额	数量	单价	金额
6	1	××	月初余额									
	2	××	购入									
	5		领用									
	7		购入									
	13		购入									
	16		领用									
	19		购入									
	23		购入									
	25		领用									
	27		领用									
	30		购入									
			合计									

本期发出存货成本＝

期末存货成本＝

表 5-5 **后进先出法**

材料名称：甲　　　　　　　　　　　　　　　　数量单位：千克　金额单位：元

××年		凭证编号	摘要	收入			发出			结存		
月	日			数量	单价	金额	数量	单价	金额	数量	单价	金额
6	1	××	月初余额									
	2	××	购入									
	5		领用									
	7		购入									
	13		购入									
	16		领用									
	19		购入									
	23		购入									
	25		领用									
	27		领用									
	30		购入									
			合计									

本期发出存货成本＝

期末存货成本＝

六、业务题

1. 长江公司于 2007 年 6 月 3 日购入 M 公司发行的普通股 20000 股，作为交易性金融资产。每股面值 1 元，市价 15 元，另付相关费用 2000 元。M 公司已于同年 5 月 30 日宣告分配股利，每 10 股分配现金股利 13 元，6 月 20 日支付股利。

要求：(1)长江公司购入 M 公司股票时应作的会计分录。

(2)6 月 20 日，取得股利时应作的会计分录。

(3)假定 2007 年 6 月 30 日资产负债表日，该股票市价为 16.7 元，请调整交易性金融资产的账面价值。

(4)假定 2007 年 7 月 31 日资产负债表日，该股票的市场价格为 15.7 元，请作相应的会计分录。

(5)假定 2007 年 8 月 26 日出售该股票，价格为每股 19 元，另需付各种费用 3500 元，作相应的会计分录。

2. 龙华公司年末应收账款余额为 100000 元，“坏账准备”账户的借方余额为 100 元，提取坏账的比例为 5‰。

要求：计提坏账准备，并作会计分录。

3. 某股份有限公司 2007 年有关交易性金融资产的资料如下：

(1)3 月 1 日以银行存款购入 A 公司股票 50000 股，并准备随时变现，每股买价 16 元，同时支付相关税费 4000 元。

(2)4 月 20 日 A 公司宣告发放现金股利每股 0.4 元。

(3)4 月 21 日又购入 A 公司股票 50000 股，并准备随时变现，每股买价 18.4 元(其中包含已宣告发放尚未支取的股利每股 0.4 元)，同时支付相关税费 6000 元。

(4)4 月 25 日收到 A 公司发放的现金股利 40000 元。

(5)6 月 30 日 A 公司股票市价为每股 16.4 元。

(6)7 月 18 日该公司以每股 17.5 元的价格转让 A 公司股票 60000 股，扣除相关税费 10000 元，实得金额为 1040000 元。

(7)12 月 31 日 A 公司股票市价为每股 18 元。

要求：根据上述经济业务编制有关会计分录。

4. 甲公司为增值税一般纳税人企业，适用的增值税率为 17%。2007 年 3 月 1 日，向乙公司销售某商品 1000 件，每件标价 2000 元，实际售价 1800 元（售价中不含增值税），已开出增值税专用发票，商品已交付给乙公司。为了及早收回货款，甲公司在合同中规定的现金折扣为：2/10，1/20，n/30。

要求：

（1）采用总价法编制甲公司销售商品时的会计分录（假定现金折扣按售价计算，不考虑增值税）。

（2）根据以下假定，分别编制甲公司收到款项时的会计分录：

①乙公司在 3 月 8 日按合同规定付款，甲公司收到款项并存入银行。

②乙公司在 3 月 19 日按合同规定付款，甲公司收到款项并存入银行。

③乙公司在 3 月 29 日按合同规定付款，甲公司收到款项并存入银行。

5. 大华公司 2004 年期末存货开始采用成本与可变现净值孰低法计价。2004 年 9 月 26 日大华公司与 M 公司签订销售合同：由大华公司于 2005 年 3 月 6 日向 M 公司销售笔记本电脑 10000 台，每台 1.5 万元。2004 年 12 月 31 日大华公司库存笔记本电脑 14000

台，单位成本1.41万元。2004 年 12 月 31 日市场销售价格为每台 1.3 万元，预计销售税费均为每台 0.05 万元。大华公司于 2005 年 3 月 6 日向 M 公司销售笔记本电脑 10000 台，每台 1.5 万元。大华公司于 2005 年 4 月 6 日销售笔记本电脑 100 台，市场销售价格为每台 1.2 万元。货款均已收到并存入银行。大华公司是一般纳税企业，适用的增值税税率为 17%。要求：

(1)编制计提存货跌价准备的会计分录，并列示计算过程。

(2)编制有关销售业务的会计分录。

6. 甲公司为增值税一般纳税人企业，适用的增值税税率为 17%，原材料采用实际成本进行日常核算。2007 年 3 月，甲公司发生下列涉及增值税的经济业务或事项：

(1)购入原材料一批，增值税专用发票上注明的价款为 80000 元，增值税额为 13600 元。该批原材料已验收入库，货款已用银行存款支付。另以现金支付运杂费 2000 元。

(2)销售商品一批，增值税专用发票上注明的价款为 200000 元，增值税额为 34000 元，提货单和增值税专用发票已交购货方，并收到购货方开出并承兑的商业承兑汇票。

(3)在建工程领用生产用库存原材料 10000 元，应由该批原材料负担的增值税额为 1700 元。

(4)盘亏原材料 4000 元，应由该批原材料负担的增值税额为 680 元。

要求：编制上述业务的会计分录。

七、案例分析题

1. 华光公司存货采用实地盘存。2005 年 3 月 10 日，一场大火烧毁了该公司的全部存货。为了向保险公司索赔，须估计火灾烧毁存货的损失，这项工作由你来从事。

经了解，公司最近一次实地盘点是在 2004 年 12 月 31 日，去年年度的利润表如下：

华光公司利润表

2004 年度　　　　单位：元

销售收入		533000
减：销售成本		375000
期初存货	115000	
本期购货	382000	
本期可供销售商品成本	497000	
减：期末存货	122000	
销货毛利		158000
减：营业费用		24750
本期利润		133250

上述销售收入中不包括年底已赊销但客户尚未提货的商品一批，该批商品售价 12000 元，在当年盘点时未被列作存货。另外，上

述购货金额中包括当年12月份购入的供公司办公用的微型电脑一台，价值15300元，这台电脑也未包括在2004年12月31日的存货中。

公司2005年1月1日—2005年3月10日商品购销情况有关记录显示：购入商品价值124000元，销售商品收入197000元（其中包括去年赊销的12000元）。

试根据你所了解到的结果，拟写一份请求保险公司赔偿的报告书，内容包括：索赔的金额及理由。（提示：先计算2004年度的毛利率，然后根据该毛利率推算）

2. 金杯汽车股份有限公司（简称金杯汽车）是我国重要的轻型汽车生产基地之一，主要生产轻型货车和轻型客车及零部件。2001年，金杯汽车亏损8.25亿元，每股亏损0.76元。

在2001年年度报告中，金杯汽车分析出现巨额亏损的原因主要有两个：

(1)2001年下半年，公司持股50%的金杯通用汽车有限公司推出新产品（雪佛兰牌厢式客车），由于推向市场较晚，并且受到“入世”和汽车市场降价等因素的影响，未能达到预期的销售计划，导致亏损15653万元，影响公司本年度利润减少7826万元。

(2)由于历史上的种种原因，公司应收账款金额较大、期限较长。

其中，5 年以上的应收账款 8726 万元，占应收账款总额的 30.48%。5 年以上的其他应收款达 70013 万元，占其他应收款总额的 41.5%。往年按照应收账款余额的 6%计提坏账准备远远不能反映公司的应收账款的实际情况。为了更谨慎、真实、科学地反映公司的财务状况和经营成果，公司决定改变坏账准备的计提政策，由原来的应收账款余额百分比法改为账龄分析法。

公司这一做法的具体结果是：按原应收账款余额百分比法计提的坏账准备为 11926 万元，2001 年度应补提的坏账准备为 4058 万元。改变后按账龄分析法计算的坏账准备为 94685 万元，2001 年度应补提的坏账准备为 86817 万元。由此影响本年度利润减少 82759 万元。公司当年因为计提资产减值准备就产生了 8.7 亿元的损失和费用。

问题：(1)根据金杯汽车改变坏账准备计提政策的具体结果，编制按应收账款余额百分比法计提坏账准备的分录，以及改为账龄分析法时，比应收账款余额百分比法应多补提坏账准备的分录。

(2)根据题目中金杯汽车 2001 年年度报告的资料，分析金杯汽车改变坏账准备计提政策的动机是什么？这一做法体现了哪些会计原则？

第五章参考答案

一、填空题

1. 一年　超过一年的一个营业周期内　2. 库存现金　银行存款　其他货币资金　3. 外埠存款　银行汇票存款　银行本票存款　信用证存款　在途货币资金　4. 直接转销法　备抵法　5. 票据到期值　贴现息　6. 谨慎性　7. 应付账款　8. 总价法　净价法　总价法　9. 实地盘存制　永续盘存制

二、判断改错题

1. ×　2. ×　3. ×　4. ×　5. ×　6. ×　7. ×　8. ×　9. ×　10. √　11. ×　12. √　13. ×　14. ×　15. ×

三、单项选择题

1. D　2. C　3. C　4. A　5. D　6. A　7. C　8. A　9. B　10. D　11. C　12. D　13. B　14. D　15. D

四、多项选择题

1. ABCD　2. ABC　3. ACD　4. ABC　5. BC　6. ACD　7. BD　8. ABCD　9. AB　10. BC　11. AC　12. ABCD　13. ABCD　14. ABC　15. AB　16. AD　17. ABD　18. BCD

五、计算分析题

1. 银行存款余额调节表 单位:元

项　　目	金　额	项　　目	金　额
银行存款日记账账面余额:	63500	银行对账单余额:	65600
加:委托银行收款	2800	加:公司送存支票	1700
减:银行代付电费	120	减:公司开出支票	1120
调整后的余额	66180	调整后的余额	66180

2. (1)票据到期值=20000×7%×90/360+20000=20350(元)

贴现息=20350×9%×60/360=305.25(元)

贴现净额=20350-305.25=20044.75(元)

(2)借:银行存款　　20044.75

　贷:应收票据　　20000.00

　　财务费用　　44.75

3. (1)2005 年应提取的坏账准备数为:110 万×5‰=0.55(万元)

年末资产负债表中“应收账款”为:

110-0.55=109.45(万元)

(2)2006 年应提取的坏账准备数为:

130 万×5‰-(0.55-0.4)=0.5(万元)

年末资产负债表中“应收账款”为:

130-130×5‰=129.35(万元)

(3)2007 年应提取的坏账准备数为:

100×5‰-(0.65+0.3)=-0.45(万元)(即应冲回 0.45 万元)

年末资产负债表中“应收账款”为:

100-100×5‰=99.5(万元)

有关会计分录如下：

①收回上年已转销的M公司应收账款：

借:应收账款——M公司　　3000

贷:坏账准备　　3000

同时，

借:银行存款　　3000

贷:应收账款——M公司　　3000

②冲回多提的坏账准备：

借:坏账准备　　4500

贷:资产减值损失　　4500

4.(1)全月一次加权平均法

材料名称:甲　　　数量单位:千克　金额单位:元

××年		凭证编号	摘　要	收　入			发　出			结　存		
月	日			数量	单价	金额	数量	单价	金额	数量	单价	金额
6	1	××	月初余额							500	1.10	550
	2	××	购入	400	1.15	460				900		
	5		领用				700			200		
	7		购入	400	1.25	500				600		
	13		购入	200	0.95	190				800		
	16		领用				600			200		
	19		购入	300	1.20	360				500		
	23		购入	600	1.10	660				1100		
	25		领用				400			700		
	27		领用				200			500		
	30		购入	100	1.05	105				600		
			合计	2000		2275	1900	1.13	2147	600	1.13	678

综合平均单价＝(550＋2275)÷(500＋2000)＝1.13(元)

本期发出存货成本＝1900×1.13＝2147(元)

期末存货成本＝600×1.13＝678(元)

(2)移动加权平均法

材料名称:甲　　　　　　　　　　　　数量单位:千克　金额单位:元

××年		凭证编号	摘要	收入			发出			结存		
月	日			数量	单价	金额	数量	单价	金额	数量	单价	金额
6	1	××	月初余额							500	1.10	550
	2	××	购入	400	1.15	460				900	1.12	1010
	5		领用				700	1.12	786	200	1.12	224
	7		购入	400	1.25	500				600	1.21	724
	13		购入	200	0.95	190				800	1.14	914
	16		领用				600	1.14	686	200	1.14	228
	19		购入	300	1.20	360				500	1.18	588
	23		购入	600	1.10	660				1100	1.13	1248
	25		领用				400	1.13	457	700	1.13	791
	27		领用				200	1.13	226	500	1.13	565
	30		购入	100	1.05	105				600	1.12	670
			合计	2000		2275	1900		2155	600	1.12	670

2 日加权平均单价＝(550＋460)÷(500＋400)＝1.12(元)

7 日加权平均单价＝(224＋500)÷(200＋400)＝1.21(元)

13 日加权平均单价＝(724＋190)÷(600＋200)＝1.14(元)

19 日加权平均单价＝(228＋360)÷(200＋300)＝1.18(元)

23 日加权平均单价＝(588＋660)÷(500＋600)＝1.13(元)

30 日加权平均单价＝(565＋105)÷(500＋100)＝1.12(元)

期末存货成本＝565＋105＝670(元)

本期发出存货成本＝786＋686＋457＋226＝2155(元)　或 550＋2275－670＝2155(元)

(3)先进先出法

材料名称:甲　　　　　　　　　　　　　数量单位:千克　金额单位:元

××年		凭证编号	摘　要	收　入			发　出			结　存		
月	日			数量	单价	金额	数量	单价	金额	数量	单价	金额
6	1	××	月初余额							500	1.10	550
	2	××	购入	400	1.15	460				500 400	1.10 1.15	550 460
	5		领用				500 200	1.10 1.15	550 230	200	1.15	230
	7		购入	400	1.25	500				200 400	1.15 1.25	230 500
	13		购入	200	0.95	190				200 400 200	1.15 1.25 0.95	230 500 190
	16		领用				200 400	1.15 1.25	230 500	200	0.95	190
	19		购入	300	1.20	360				200 300	0.95 1.20	190 360
	23		购入	600	1.10	660				200 300 600	0.95 1.20 1.10	190 360 660
	25		领用				200 200	0.95 1.20	190 240	100 600	1.20 1.10	120 660
	27		领用				100 100	1.20 1.10	120 110	500	1.10	550
	30		购入	100	1.05	105				500 100	1.10 1.05	550 105
			合计	2000		2275	1900		2170	500 100	1.10 1.05	550 105

本期发出存货成本＝550＋230＋230＋500＋190＋240＋120＋110＝2170(元)

期末存货成本＝550＋105＝655(元)

(4)后进先出法

材料名称：甲　　　　　　　　　　　　　　　　数量单位：千克　金额单位：元

××年		凭证编号	摘　要	收　入			发　出			结　存		
月	日			数量	单价	金额	数量	单价	金额	数量	单价	金额
6	1	××	月初余额							500	1.10	550
	2	××	购入	400	1.15	460				500 400	1.10 1.15	550 460
	5		领用				400 300	1.15 1.10	460 330	200	1.10	220
	7		购入	400	1.25	500				200 400	1.10 1.25	220 500
	13		购入	200	0.95	190				200 400 200	1.10 1.25 0.95	220 500 190
	16		领用				200 400	0.95 1.25	190 500	200	1.10	220
	19		购入	300	1.20	360				200 300	1.10 1.20	220 360
	23		购入	600	1.10	660				200 300 600	1.10 1.20 1.10	220 360 660
	25		领用				400	1.10	440	200 300 200	1.10 1.20 1.10	220 360 220
	27		领用				200	1.10	220	200 300	1.10 1.20	220 360
	30		购入	100	1.05	105				200 300 100	1.10 1.20 1.05	220 360 105
			合计	2000		2275	1900	2140		200 300 100	1.10 1.20 1.05	220 360 105

本期发出存货成本＝460＋330＋190＋500＋440＋220＝2140(元)

期末存货成本＝220＋360＋105＝685(元)

六、业务题

1. (1)借:交易性金融资产——成本　274000

　　应收股利　26000

　　投资收益　2000

　贷:银行存款　302000

(2)6 月 20 日,取得股利时:

借:银行存款　26000

　贷:应收股利　26000

(3)2007 年 6 月 30 日:

借:交易性金融资产——公允价值变动　60000

　贷:公允价值变动损益　60000

(4)2007 年 7 月 31 日:

借:公允价值变动损益　20000

　贷:交易性金融资产——公允价值变动　20000

(5)2007 年 8 月 26 日出售该股票:

借:银行存款　376500

　贷:交易性金融资产——成本　274000

　　交易性金融资产——公允价值变动　40000

　　投资收益　62500

同时,

借:公允价值变动损益　40000

　贷:投资收益　40000

2. 应计提坏账准备＝100000×5‰－(－100)＝600(元)

借:资产减值损失　600

　贷:坏账准备　600

3. (1)借:交易性金融资产——A 公司股票(成本)　800000

　　投资收益　4000

　贷:银行存款　804000

(2)借:应收股利　　20000

贷:投资收益　　20000

(3)借:交易性金融资产——A公司股票(成本)　900000

应收股利　　20000

投资收益　　6000

贷:银行存款　　926000

(4)借:银行存款　　40000

贷:应收股利　　40000

(5)公允价值变动损益=(800000+900000)-16.4×100000

=60000(元)

借:公允价值变动损益　　60000

贷:交易性金融资产——A公司股票(公允价值变动)

60000

(6)借:银行存款　　1040000

交易性金融资产——A公司股票(公允价值变动)

36000

贷:交易性金融资产——A公司股票(成本)1020000

投资收益　　56000

借:投资收益　　36000

贷:公允价值变动损益　　36000

(7)公允价值变动损益=18×40000-[(800000+900000-1020000)-(60000-36000)]=64000(元)

借:交易性金融资产——A公司股票(公允价值变动)

64000

贷:公允价值变动损益　　64000

4. (1)借:应收账款　　2106000

贷:主营业务收入　　1800000

应交税费——应交增值税(销项税额)　306000

(2)①借:银行存款　　2070000

财务费用　　　　36000

贷:应收账款　　　　2106000

②借:银行存款　　　　2088000

财务费用　　　　18000

贷:应收账款　　　　2106000

③借:银行存款　　　　2106000

贷:应收账款　　　　2106000

5. 由于大华公司持有的笔记本电脑数量14000台多于已经签订销售合同的数量10000台。因此,销售合同约定数量10000台,应以销售合同约定的销售价格作为计量基础,超过的部分4000台可变净值应以一般销售价格作为计量基础。

(1)有合同部分:

①可变现净值=10000×1.5-10000×0.05=14500(万元)

②账面成本=10000×1.41=14100(万元)

③计提存货跌价准备金额=0

(2)没有合同的部分:

①可变现净值=4000×1.3-4000×0.05=5000(万元)

②账面成本=4000×1.41=5640(万元)

③计提存货跌价准备金额=5640-5000=640(万元)

(3)会计分录:

借:资产减值损失——计提的存货跌价准备　　　　6400000

贷:存货跌价准备　　　　6400000

(4)2005年3月6日向M公司销售笔记本电脑10000台

借:银行存款　　　　175500000

贷:主营业务收入　　　　150000000

应交税费——应交增值税(销项税额)　　　　25500000

借:主营业务成本　　　　141000000

贷:库存商品　　　　141000000

(5)2005年4月6日销售笔记本电脑100台,市场销售价格为

每台 1.2 万元

借:银行存款 1404000

贷:主营业务收入 1200000

应交税费——应交增值税(销项税额) 204000

借:主营业务成本 1410000

贷:库存商品 1410000

因销售应结转的存货跌价准备＝640÷5640×141＝16(万元)

借:存货跌价准备 160000

贷:主营业务成本 160000

6. (1)借:原材料 82000

应交税费——应交增值税(进项税额) 13600

贷:银行存款 93600

库存现金 2000

(2)借:应收票据 234000

贷:主营业务收入 200000

应交税费——应交增值税(销项税额) 34000

(3)借:在建工程 11700

贷:原材料 10000

应交税费——应交增值税(进项税额转出) 1700

(4)借:待处理财产损溢 4680

贷:原材料 4000

应交税费——应交增值税(进项税额转出) 680

七、案例分析题

1. 2004 年的毛利率为 34%,应索赔金额为 123900 元。
2. 2001 年按应收账款余额百分比法计提的坏账准备为 4058 万元。2001 年按账龄分析法应计提的坏账准备金为 82759 万元(86817－4058)。

(分录略)

第六章　非流动资产

一、填空题

1. 企业的长期股权投资在持有期间，根据投资企业对被投资企业的影响程度及是否存在活跃市场、公允价值能否可靠计量等条件进行划分，长期股权投资的后续计量通常可以分为：________和________两种。

2. 长期股权投资对被投资企业产生的影响一般分为四种：________，________，________，________。

3. 在购入分期付息债券时，如果债券的购买日与债券的发行日不同时，购买价款中所包括的已到付息期但尚未领取的利息应记入________账户。

4. 固定资产在使用过程中，其实物形态________。

5. 每项固定资产的价值都应按其原始价值和________同时进行反映。固定资产的原始价值一般情况下按________确定。

6. 固定资产净值等于________。

7. 固定资产折旧的原因有________和________。

8. 计算固定资产折旧依据的因素主要有三个，即________、________、________。

9. 加速折旧法主要有________和________两种。

10. "累计折旧"是________的调整账户。

11. 固定资产折旧率是指一定时期内________

与________________之比。

12. 某公司购入汽车一辆，原值 60000 元，预计行驶里程为 60 万公里，预计残值 6200 元，预计清理费用 200 元。本期共行驶 4000 公里，则本期折旧额为________________。

二、判断改错题

1.（　　）当投资企业对被投资企业没有实质控制权，但有重大影响时，其长期股权投资应采用权益法处理。

2.（　　）在成本法下，长期股权投资的账面价值随着被投资企业所有者权益的变动而变动。

3.（　　）在出售投资时，持有至到期投资账面价值与实际取得收入的差额，应计入本期“投资收益”账户。

4.（　　）购入交易性金融资产的债券，其实际支付的全部价款中包含的已到付息期但尚未领取的债券利息应计入“应收利息”账户。

5.（　　）无论是股票投资还是债券投资，其投资收益与持有时间长短都没有关系。

6.（　　）赊购新设备，借记“固定资产”账户，贷记“应付账款”账户。

7.（　　）固定资产使用费，包括折旧费和修理费。

8.（　　）全新固定资产应按其实际成本计价记入“固定资产”账户，而接受捐赠取得的固定资产由于未发生任何成本，所以不能记入“固定资产”账户，只需在备查账中记录。

9.（　　）少计折旧导致高估资产，高估收益。

10.（　　）折旧费是一种固定费用。

11.（　　）如果固定资产在其服务期内各年提供的服务大致相同，则宜采用直线法计提折旧。

12.（　　）“固定资产”账户反映固定资产的净值。

13.（　　）企业出租的固定资产，因为未被本企业使用，所以本企业不该提折旧。

14.（　　）接受捐赠的固定资产使所有者权益增加，故应计入盈余公积。

15.（　　）工作量法实际上是直线法，所以每期计提的折旧额是相等的。

三、单项选择题

1. 一般情况下，在投资企业只拥有被投资企业的所有外发普通股股票的20%以下时，其长期股权投资核算适用于（　　）。

A. 市价法　　B. 权益法

C. 成本法　　D. 成本与市价孰低法

2. 企业购入M公司发行的可转换债券，准备持有到期，该项目应计入（　　）。

A. 持有至到期投资　　B. 长期股权投资

C. 长期混合型证券投资　　D. 长期合同投资

3. 企业折价购入的长期债券，准备长期持有，应将折价部分记入(　　)。

A. 投资收益　　B. 持有至到期投资——利息调整

C. 应收利息　　D. 实收资本

4. 2000年12月25日，M公司以每份52元的市价购入Q公司普通股股票1000份，面值为50元，作为可供出售金融资产，另付其他费用600元。假设Q公司已于同年12月10日宣告分派每股1元的现金股利，“可供出售金融资产”的入账价值为(　　)。

A. 50000元　　B. 51600元

C. 53600元　　D. 52000元

5. 累计折旧实质上是(　　)。

A. 费用　　B. 负债

C. 资产的减项　　D. 成本

6. 机器的安装调试费列为(　　)。

A. 制造费用　　B. 管理费用

C. 机器成本　　D. 开办费

7. 多计折旧将使报表中(　　)。

A. 资产的净值偏低

B. 资产的净值虚增

C. 负债增加

D. 对资产及负债均不产生影响

8. 可以达到加速折旧的方法是(　　)。

A. 直线法　　B. 工作量法

C. 行驶里程法　　D. 年数总和法

9. 某公司购入全新机器一台，定价为58500元。另付运费8000元，保险费1000元。运输途中因违规被罚支出1000元，同时因不慎破损，修理该机器支付修理费2000元。运抵公司后试车费支付500元。则该机器原价为(　　)。

A. 58500 元　　B. 68000 元

C. 71000 元　　D. 70000 元

10. 盘亏固定资产时，所作会计分录应为(　　)。

A. 借：待处理财产损溢

累计折旧

贷：固定资产

B. 借：固定资产

贷：营业外收入

C. 借：待处理财产损溢

贷：固定资产

D. 借：固定资产

贷：资本公积

11. A 公司收到 B 公司投入设备一台，该设备在 B 公司的账面原价为 50000 元，预计使用期限为 5 年，已使用 2 年，账面净值为 30000 元。双方协商作价 40000 元，则 A 公司的"实收资本"账户应记金额为(　　)。

A. 40000 元　　B. 30000 元

C. 50000 元　　D. 20000 元

12. 一项设备原值 90000 元，预计净残值 1500 元，预计使用年限为 5 年，采用双倍余额递减法计提折旧，则第一年的折旧额为(　　)。

A. 17700 元　　B. 34500 元

C. 36000 元　　D. 18000 元

13. 下列能计入固定资产价值的税金是(　　)。

A. 房产税　　B. 车船税

C. 进口关税　　D. 城市维护建设税

14. 增值税一般纳税人企业购入不需安装的新设备一台，价款 300000 元，增值税 51000 元，运杂费 2000 元，以转账支票支付。该设备入账的价值是(　　)。

A. 353000 元　　B. 351000 元

C. 302000 元　　D. 53000 元

四、多项选择题

1. 下列与长期股权投资类科目有对应关系的科目有(　　)。

A. 应收股利　　B. 长期股权投资

C. 投资收益　　D. 持有至到期投资

E. 长期合同投资

2. 长期股权投资取得时的成本不包括(　　)。

A. 买价　　B. 税金

C. 评估费　　D. 手续费　　E. 审计费

3. 固定资产的特点包括(　　)。

A. 供生产经营用,而不是为了销售

B. 实物形态不变

C. 单位价值较高

D. 使用期限较长

E. 其价值部分地、逐渐地丧失或减少

4. 固定资产的损耗包括(　　)。

A. 有形损耗　　B. 无形损耗

C. 功能损耗　　D. 使用价值损耗

5. 报废固定资产清理后的损益应作为(　　)。

A. 营业收入　　B. 营业支出

C. 营业外收入　　D. 营业外支出

6. 下列固定资产本月应计提折旧的有(　　)。

A. 房屋、建筑物　　B. 季节性停用的设备

C. 出租的机器　　D. 经营性租入的设备

E. 本月减少的固定资产

7. 购入的固定资产其入账价值应包括(　　)及安装费等。

A. 买价　　B. 运费

C. 途中保险费　　　　D. 包装费

E. 关税

8. 计提折旧应考虑的因素有(　　)。

A. 固定资产原值　　　　B. 估计使用年限

C. 清理费用　　　　D. 固定资产残值

E. 固定资产现值

五、计算分析题

1. 2000 年 12 月 10 日,某公司取得成本为 500000 元的机器一台,采用双倍余额递减法计提折旧,估计使用年限为 10 年,无残值。两年后(2003 年初),决定改用直线法计提折旧,因此使 2003 年折旧费用降低多少元?

2. 上年末购入一台设备原值 90000 元,预计净残值 1000 元,预计使用 5 年。要求:用双倍余额递减法计算该设备本年各月折旧额(列出计算过程)。

3. 长江公司仓库因发生火灾而毁损。该仓库原值 400000 元，已提折旧 100000 元，毁损时以存款支付清理费 500 元，变卖残料收入 4500 元，存入银行。该仓库参加了保险公司的财产保险，经计算应由保险公司赔偿损失 100000 元。请计算长江公司仓库因发生火灾而损失多少？

六、业务题

1. 假定，长江公司于 2004 年 1 月 1 日购入 H 公司发行的普通股 100000 股，每股市价 22 元，另付相关费用 5000 元。占该公司外发股份的 25%。H 公司自 2004 年 1 月 1 日到 2006 年 12 月 31 日各会计年度中的税后净利润及分配股利的金额见表 6-1。要求：

表 6-1　　各年税后净利润及分配股利金额　　单位：元

时间（年）	2004	2005	2006	合　计
税后净利润	1000000	0	300000	1300000
分配股利	500000	200000	0	700000

（1）判断应采用哪种长期股权投资的会计核算方法？

（2）编制长江公司购入 H 公司股权时的会计分录。

（3）编制 2004 年底调整长期股权投资及损益、收取股利时的会计分录。

（4）编制 2005 年底调整长期股权投资及损益、收到股利时的会计分录。

（5）编制 2006 年底调整长期股权投资及损益、收取股利时的会计分录。

(6)计算 2006 年底企业长期股权投资账户余额。

2. 某公司 2000 年 12 月 8 日购入一台无需安装的设备，当日以存款付清 30000 元价款，并交付生产车间使用。预计可使用 5 年，预计净残值 1000 元。按年数总和法计提折旧。

要求：编制新增固定资产的会计分录及第三年计提折旧的会计分录，写出折旧额的计算过程。

3. 某公司有小汽车 2 辆供厂部使用，每辆原值 100000 元，规定在使用期限内行驶 50 万公里，核定的净残值率为 3%，本月行驶 3000 公里。

要求：计算本月应提折旧额并作出会计分录。

4．某公司外购一台新机器以存款支付买价117000元，以现金支付运费500元。运抵后交付安装，领用材料1500元，应负担职工工资费用1500元。安装后交付基本生产车间使用。

要求：作出以上业务的有关会计分录。

5．购入旧厂房一幢，售出单位账面原价3000000元，累计折旧1500000元。双方协商作价3600000元，款项暂欠。

要求：作出取得该厂房的会计分录。

6．某公司接受A公司以固定资产进行的投资。其账面原值700000元，账面净值400000元。双方评估价为500000元。

要求：作出以上业务的有关会计分录。

7．在财产清查中盘亏设备三台，其原值总计为33000元，累计折旧为12000元。

要求：作出盘亏时及审批后转销的会计分录。

8. 一台已使用了3年的设备作价86000元售出，款项当即收妥存入银行。该设备原值为400000元，预计使用5年，无净残值，采用直线法计提折旧。

要求：编制该清理业务的全部会计分录。

七、案例分析题

某公司办公大楼2006年12月10日完工投入使用，成本为6000万元，预计使用50年。后勤部门2008年6月对房屋外墙进行装修，一次性以银行存款支付工程款3万元（预计2年后需对外墙重新装修）。

工程完工后，对这3万元款项开支的处理，该公司财务部门认为可以任意采用如下三种方案中的一种进行会计处理：一是计入房屋成本；二是通过“长期待摊费用”核算；三是直接计入当期管理费用。

问题：1. 你认为应该如何处理？为什么？

2. 应该如何编制会计分录？

第六章参考答案

一、填空题

1. 成本法　权益法　2. 控制　共同控制　重大影响　无控制、无共同控制且无重大影响　3. 应收利息　4. 不变　5. 净值　实际成本　6. 原值减去累计折旧额和固定资产减值准备　7. 有形损耗　无形损耗　8. 固定资产原值　预计使用寿命　预计净残值　9. 双倍余额递减法　年数总和法　10. 固定资产　11. 折旧额　原值　12. 360 元

二、判断改错题

1. √　2. ×　3. √　4. √　5. ×　6. √　7. √　8. ×　9. √　10. ×　11. √　12. ×　13. ×　14. ×　15. ×

三、单项选择题

1. C　2. A　3. B　4. B　5. C　6. C　7. A　8. D　9. B　10. A　11. A　12. C　13. C　14. C

四、多项选择题

1. AC　2. CE　3. ABCDE　4. AB　5. CD　6. ABCE　7. ABCDE　8. ABCD

五、计算分析题

1. 24000 元。
2. 本年折旧额＝90000×40％＝36000(元)

   月折旧额＝3000(元)
3. 196000 元。

六、业务题

1. (1)权益法

(2)2004 年 1 月 1 日：

借:长期股权投资	2205000	
贷:银行存款		2205000

(3)2004 年底：

借:长期股权投资	250000	
贷:投资收益		250000
借:银行存款	125000	
贷:长期股权投资		125000

(4)2005 年底：

借:银行存款	50000	
贷:长期股权投资		50000

(5)2006 年底：

借:长期股权投资	75000	
贷:投资收益		75000

(6)

长期股权投资

借方	贷方
2205000	125000
250000	50000
75000	
2355000	

2. 12月8日

借：固定资产　　30000

　贷：银行存款　　30000

第三年折旧额＝(30000－1000)×3÷15＝5800(元)

借：制造费用　　5800

　贷：累计折旧　　5800

3. 每辆车本月折旧额＝100000×(1－3%)×3000÷500000

＝582(元)

借：管理费用　　1164

　贷：累计折旧　　1164

4. 设备运抵企业：

借：在建工程　　117500

　贷：银行存款　　117000

　　　库存现金　　500

交付安装：

借：在建工程　　3000

　贷：原材料　　1500

　　　应付职工薪酬　　1500

交付使用：

借：固定资产　　120500

　贷：在建工程　　120500

5. 借：固定资产　　3600000

　贷：应付账款　　3600000

6. 借：固定资产　　500000

　贷：实收资本　　500000

7. 盘亏时：

借：待处理财产损溢　　21000

　　累计折旧　　12000

　贷：固定资产　　33000

审批后：

借：营业外支出　21000

　贷：待处理财产损溢　21000

8.（1）注销固定资产有关记录，结转其净值：

借：固定资产清理　160000

　　累计折旧　240000

　贷：固定资产　400000

（2）清理收入：

借：银行存款　86000

　贷：固定资产清理　86000

（3）结转清理损益：

借：营业外支出　74000

　贷：固定资产清理　74000

七、案例分析题

该会计业务依据固定资产后续支出的会计制度要求，应该直接计入当期管理费用。

应该编制会计分录为：

借：管理费用　30000

　贷：银行存款　30000

第七章 负 债

一、填空题

1. 预收账款账户的贷方发生额反映______________________，借方发生额反映____。

2. 非流动负债主要包括______________、______________和长期应付款等。

3. "应交税费"账户的借方发生额表示____________________，贷方余额表示____________________。

4. 应付票据是指企业采用__________支付方式购买商品、产品时应偿付的票据。

5. 既通过"管理费用"账户又通过"应交税费"账户核算的税种主要有______________、______________、______________等。

6. 短期借款利息属于筹资费用，应记入__________账户。

7. 消费税是指在我国境内_____________、_____________和__________应税消费品的单位和个人，按其流转额交纳的一种税。

8. 应付职工薪酬账户主要为_____________、_____________和______________等项目进行明细核算。

二、判断改错题

1.（　　）从金融机构或一般工商企业借入的流动负债均可记入短期借款账户。

2.（　　）对于带息应付票据，偿付时所支付的利息可以不入账。

3.（　　）长期负债的利息费用可计入当期损益或予以资本化。

4.（　　）企业全部应交税金借方金额一律通过"营业税金及附加"科目核算。

5.（　　）办理银行承兑汇票时向承兑银行支付的承兑手续费，应作为财务费用处理。

6.（　　）企业在开出的商业承兑票据到期无力支付时，应当将应付票据所涉金额转为应付账款。

7.（　　）纳税人所有进项税额均可从销项税额中抵扣。

8.（　　）预收货款不多的企业，可以不设置"预收账款"账户，发生的预收货款通过"应收账款"账户核算。

9.（　　）营业税是对我国境内提供劳务、转让无形资产或销售不动产的单位和个人征收的税种。

10.（　　）企业对于确实无法支付的应付账款，应冲减已计提的坏账准备。

三、单项选择题

1. 下列项目中，不属于根据销售额确定金额的流动负债是（　　）。

A. 应交增值税　　B. 应交营业税

C. 应交所得税　　D. 应交消费税

2. 按现行会计制度规定，短期借款所发生的利息，一般应计入(　　)。

A. 管理费用　　B. 营业外支出

C. 投资收益　　D. 财务费用

3. 某企业因采购商品开出6个月期限的商业票据一张。该票据的票面价值为500000元，票面年利率为8%。该应付票据到期时，企业应支付的价款为(　　)元。

A. 520000　　B. 500000

C. 540000　　D. 530000

4. 国家对于小规模纳税企业销售货物或者提供应税劳务，实行简易的方法计算应纳额，征收率一般为(　　)。

A. 4%　　B. 6%

C. 17%　　D. 3%

5. 按我国企业会计准则，停止借款费用资本化的条件为(　　)。

A. 该资产达到预定可使用或者可销售状态时

B. 该资产正在设计改进状态时

C. 供货企业货款清算完毕时

D. 应付租金支付完毕时

6. 企业购进货物用于非应税项目时，该货物负担的增值税额应当计入(　　)。

A. 应交税费——应交增值税　　B. 货物的采购成本

C. 营业外支出　　D. 管理费用

7. 某一般纳税企业从其他企业购入原材料一批，货款为300000元，支付增值税额51000元，对方代垫运杂费6000元。该原材料已经验收入库，但款未付。该购买业务所产生的应付账款的入账价值为(　　)元。

A. 320000　　　　B. 249000

C. 300000　　　　D. 357000

8. 银行承兑汇票到期无法偿付时，出票企业应当进行的处理是(　　)。

A. 转作应付账款　　　　B. 转作短期借款

C. 不进行处理　　　　D. 转作其他应付款

9. 其他应付款不应包括以下项目(　　)。

A. 与企业购销业务没有直接关系的应付款项

B. 与企业购销业务没有直接关系的暂收款项

C. 与企业购销业务没有直接关系的包装物租金

D. 与企业购销业务没有直接关系的暂付款项

10. “营业税金及附加”与“应交税费”账户的性质(　　)。

A. 相同　　　　B. 不同

C. 相近　　　　D. 其他

11. 以下账户中，(　　)是在结算过程中产生的流动负债。

A. 短期借款　　　　B. 应付账款

C. 应交所得税　　　　D. 应付股利

12. 企业所购的材料已到，但月终发票单据未到，货款也未支付。在这种情况下，应在月末按暂估价借记(　　)账户，下月初用红字冲销，等发票单据到达后再正式入账。

A. 在途物资　　　　B. 原材料

C. 无形资产　　　　D. 其他资产

13. 在我国，商业汇票的付款期限最长不得超过(　　)。

A. 1 年　　　　B. 3 个月

C. 6 个月　　　　D. 8 个月

14. 带息票据的到期金额等于(　　)。

A. 面值　　　　B. 面值＋利息

C. 面值＋费用　　　　D. 财务费用

15. 对于一般纳税企业，当当期销项税额小于当期进项税额时，未抵扣的进项税额(　　)。

A. 不得结转下期继续抵扣　B. 必须作废

C. 可以出售　D. 可以结转下期继续抵扣

四、多项选择题

1. 下列属于流动负债的有(　　)。

A. 应付票据　B. 应付账款

C. 应付债券　D. 预收账款

2. 下列项目中,属于其他应付款核算范围的有(　　)。

A. 暂收款项

B. 经营租入固定资产的应付租金

C. 应付其他单位款项

D. 出借包装物押金

3. 长期借款所发生的利息费用,可以计入的账户有(　　)。

A. 财务费用　B. 在建工程

C. 营业外支出　D. 开办费

4. 工资核算的主要内容包括(　　)。

A. 提取现金的核算　B. 代扣款项的核算

C. 发放工资的核算　D. 工资费用分配的核算

5. 下列税金中,需要通过“营业税金及附加”科目核算的有(　　)。

A. 增值税　B. 营业税

C. 消费税　D. 印花税

6. 下列因素中,决定企业债券发行收入的有(　　)。

A. 票面价值　B. 票面利率

C. 市场利率　D. 债券的期限

7. 下列各项税金通过“应交税费”科目核算的有(　　)。

A. 增值税　B. 资源税

C. 印花税　D. 消费税

8. 对于发生的应付商业承兑票据，应借记的账户可以是(　　)。

A. 原材料　　B. 应付账款

C. 银行存款　　D. 库存现金

9. 教育附加是国家为了发展教育事业提高人民的文化素质而征收的一项费用。这项费用按照企业交纳的(　　)税额的一定比例计算并与流转税一起交纳。

A. 增值税　　B. 资源税

C. 营业税　　D. 消费税

10. 企业取得长期借款直接用于购置规定资产或支付工程项目的支出，应借记(　　)账户。

A. 无形资产　　B. 长期资产

C. 固定资产　　D. 在建工程

11. 在应付债券账户下应设置的明细分类账户有(　　)。

A. 面值　　B. 费用

C. 利息调整　　D. 应计利息

12. 债券发行有按(　　)发行三种情况。

A. 利息　　B. 溢价

C. 折价　　D. 面值

13. 企业按照营业额及其适用的税率计算应交的营业税，应借记(　　)账户。

A. 营业税金及附加　　B. 应交税费

C. 所得税费用　　D. 固定资产清理

14. 流动负债按照产生的原因，可以分为以下几类(　　)。

A. 借贷形成的流动负债

B. 结算过程中产生的流动负债

C. 经营过程中产生的流动负债

D. 利润分配中产生的流动负债

15. 增值税是指对我国(　　)的增值税征收的一种流转税。

A. 境内销售货物　　　　B. 进口货物

C. 提供加工　　　　D. 修理修配劳务

五、计算分析题

1. 某企业核定为小规模纳税企业，本期购入原材料，增值税专用发票上记载售价 100000 元，增值税 17000 元，企业开出转账支票予以支付，但材料尚未到达。该企业本期销售产品，开出一张普通发票，发票注明售价 103000 元，货款尚未收到。该企业适用的增值税税率为 3%。

要求：根据上述资料，计算该企业本期应纳的增值税额。

2. 某企业开出一张面值为 1000000 元，期限为 6 个月，票面利率为 8%的带息商业汇票。

要求：根据上述资料，计算该企业在汇票到期无力偿还时，应转入应付账款账户的金额。

六、业务题

1. 某工业企业为一般纳税人，2008 年发生下列经济业务。

要求:据此编制有关的会计分录。

(1)销售商品不含税售价12万元,增值税税率17%,扣除预收账款8万元后的差额,收到银行承兑汇票。

(2)银行借入1000000元存入银行,月息为0.7%,期限6个月,到期一次还本付息,每月计提利息。

(3)从本地购入一批原材料,根据发票账单,该批材料的买价500000元,增值税85000元,对方代垫的运杂费15000元。材料已经验收入库,并开出3个月的带息商业承兑汇票,年利率10%。假定该企业采用实际成本进行材料的日常核算。

(4)经计算本月应付生产工人工资98000元,车间管理人员工资19000元,厂部管理人员工资31000元,在建工程人员的工资8000元。

(5)根据上述资料提取现金并发放工资。

2. 某企业 2007 年发生下列经济业务，要求据此编制 2007 年 1 月 1 日借款，2007、2008 年底计算利息时的会计分录。

1 月 1 日向银行借入 400000 元存入银行，准备用于某项工程，期限 5 年，年利率 8%，合同规定到期一次还本付息。该企业每年计算利息费用。该工程将于 2008 年底完工。

七、案例分析题

假定随着国家宏观调控政策的实施，某著名房地产企业深切感受到由于银根紧缩所带来的资金紧缺的压力，于是希望通过发行企业债券来取得资金。若你是该房地产企业的财务总监，在发行债券前，你应该认真考虑的问题有哪些？在董事会召开前你应该做好哪些准备工作？

第七章参考答案

一、填空题

1. 预收货款的数额和购货单位补付的数额　企业发货后冲销的数额及退回对方多付的数额　2. 长期借款　应付债券　3. 实际缴纳的税金　应缴纳的税金　4. 商业汇票　5. 土地使用税　房产税　车船税　6. 财务费用　7. 生产　委托加工　进口　8. 工资　职工福利　社会保险费

二、判断改错题

1. √　2. ×　3. √　4. ×　5. √　6. √　7. ×　8. √　9. √　10. ×

三、单项选择题

1. C　2. D　3. A　4. D　5. A　6. B　7. D　8. B　9. D　10. B　11. B　12. B　13. C　14. B　15. D

四、多项选择题

1. ABD　2. ABCD　3. AB　4. ABCD　5. BC　6. ABCD　7. ABD　8. AB　9. ACD　10. CD　11. ACD　12. BCD　13. AD　14. ABCD　15. ABCD

五、计算分析题

1. $\frac{103000}{1+3\%}\times 3\%=3000$(元)

2. $1000000\times(1+8\%/2)=1040000$(元)

六、业务题

1. (1)借:应收票据 60400

预收账款 80000

贷:主营业务收入 120000

应交税费——应交增值税(销项税额) 20400

(2)借入款项时:

借:银行存款 1000000

贷:短期借款 1000000

月末计提利息时:

借:财务费用 7000

贷:应付利息 7000

(3)借:原材料 515000

应交税费——应交增值税(进项税额) 85000

贷:应付票据 600000

(4)借:生产成本 98000

制造费用 19000

管理费用 31000

在建工程 8000

贷:应付职工薪酬 156000

(5)提现:

借:库存现金 156000

贷:银行存款 156000

发工资：

借：应付职工薪酬　　156000

贷：库存现金　　156000

2. 借入款项时：

借：银行存款　　400000

贷：长期借款——本金　　400000

2007 年底计算利息时：

借：在建工程　　32000

贷：长期借款——利息　　32000

2008 年底计算利息时：

借：在建工程　　34560

贷：长期借款——利息　　34560

七、案例分析题

请从法律、规范、发行程序、发行成本、风险管理等角度予以考虑。

第八章　所有者权益——投入资本

一、填空题

1. 权益包括__________和__________。

2. 企业收到投入资本，一般通过__________账户进行核算。

3. 所有者权益主要包括__________、__________、__________和__________。

4. 留存收益包括__________和__________。

5. 资本公积是指由__________投入但不能构成实收资本，或从其他来源取得，由__________享有的资金，它属于所有者权益的范畴。

6. 企业接受投资者作价投入的房屋、建筑物等固定资产，应按投资各方确认的价值作为__________入账。

7. 盈余公积是企业按规定从__________中提取的企业积累资金。

8. 利润分配是企业按照国家有关规定和企业章程、投资协议等，对企业当年的__________________所进行的分配。

9. 企业的股本溢价和资本溢价计入____________。

10. 公司的所有者权益又称为____________。

二、判断改错题

1. (　　)权益表示对企业资产的享有权，即所有者权益。

2.（　　）投资者投入企业的投资款项可分成两大类别：企业的资本金和资本公积。

3.（　　）企业投资人可以用货币、实物、无形资产等出资。

4.（　　）企业收到投资人用实物或土地使用权等方式的出资，实收资本的金额应按其账面价值入账。

5.（　　）资本公积是指由投资者投入但不能构成实收资本，或从其他来源取得，由所有者享有的资金，属于所有者权益范畴。

6.（　　）盈余公积转增资本时，应该按照各投资人在企业转增前所占有的实收资本的比例，将盈余公积转增资本的数额计入各所有者的投资明细账。

7.（　　）资本公积是企业所有者权益的组成部分，与实收资本没有任何区别。

8.（　　）企业接受投资者作价投入的材料，以其账面价值，借记“原材料”账户。

9.（　　）资本溢价是指投资者交付企业的出资额大于该所有者在企业注册资本中所拥有的份额。股本溢价是指股份有限公司溢价发行股票实际收到的款项超过股票面值总额的数额。

10.（　　）企业可供分配的利润指企业当年实现的净利润，可以用于提取盈余公积或者给投资人分配红利。

11.（　　）由于所有者权益和负债都是对企业资产的要求权，

因此它们的性质是一样的。

12.（　　）留存收益是属于企业所有而不属于投资者所有。

13.（　　）用盈余公积弥补亏损，不会导致所有者权益总额发生变化。

14.（　　）实收资本、盈余公积、未分配利润又统称为留存收益。

15.（　　）股东股利的支付不受法律的强制性保护，而且股利支出是一种税后支出，不能冲减应纳税所得额。

三、单项选择题

1. 某股份有限公司发行普通股10000000股，每股面值1元，每股发行价格为5元。股票发行完毕，支付手续费100000元、税费等200000元。则应计入“股本”科目的金额为（　　）元。

A. 50000000　　B. 10000000

C. 49700000　　D. 49900000

2. 企业用盈余公积补亏的会计处理为：借记“盈余公积”科目，贷记（　　）科目。

A. 盈余公积——法定盈余公积

B. 利润分配——盈余公积补亏

C. 利润分配——提取盈余公积

D. 利润分配——未分配利润

3. 下列项目中，不能作为投资人的出资的有（　　）。

A. 机器设备

B. 国债

C. 经营租入的、合同租期为20年的厂房

D. 库存商品

4. 某公司收到投资者投入的原材料一批，确认的价值为1000000元，投资者提供的购入发票注明的增值税为170000元，经税务机关认定公司可以作为进项税额抵扣。则该公司应计入“实收资本”科目的金额为(　　)元。

A. 1170000　　B. 830000

C. 1000000　　D. 0

5. 企业所有者权益账面记录如下：实收资本10000000元，资本公积1000000元，法定盈余公积2000000元，任意盈余公积500000元，未分配利润1000000元。则该企业留存收益为(　　)元。

A. 1000000　　B. 500000

C. 2000000　　D. 3500000

6. 在下列事项中，会引起留存收益总额发生变化的是(　　)。

A. 盈余公积转增资本　　B. 提取盈余公积

C. 盈余公积弥补亏损　　D. 税后利润弥补亏损

7. 某企业年初未分配利润为70万元，本年实现净利润200万元，按10%计提法定盈余公积，宣告发放现金为100万元。则该企业年末未分配利润为(　　)万元。

A. 180　　B. 250

C. 150　　D. 170

8. 股份有限公司经批准以发行股票来进行筹资。股票发行完成后计入“股本”科目的金额为(　　)。

A. 实际收到的款项

B. 实际收到的款项减去发行手续费用、有关税费等

C. 股票市价与股份总数的乘积

D. 股票的面值总额

9. 股份有限公司溢价发行股票时，相关的手续费、佣金、税金等费用，应(　　)。

A. 计入股本价值　　B. 计入财务费用

C. 计入管理费用　　D. 从溢价中抵扣，冲减资本公积

10. 某公司需增加注册资本到 600000 元，经研究决定接受甲投资者的投资。根据公司的现状，甲投资者须缴入资金 500000 元，享有公司三分之一的股份。公司增资前的注册资本为 400000 元。该公司收到新投资 500000 元后，应该确定“实收资本——甲”为(　　)元。

A. 300000　　B. 200000

C. 500000　　D. 600000

11. 某股份有限公司委托证券公司发行股票 1000 万股，每股面值 1 元，每股发行价格为 5 元。合同规定，该股份公司在股票发行成功后，应按发行收入的 3%向该证券公司支付发行费。假设股票发行成功，不考虑其他因素，该股份有限公司计入“资本公积”科目的金额应为(　　)万元。

A. 4850　　B. 970

C. 1000　　D. 3850

12. 下列各项，能够引起所有者权益总额发生变化的是(　　)。

A. 增发新股　　B. 盈余公积补亏

C. 股东间的股份转让　　D. 资本公积转增资本

13. 企业年初所有者权益总额 5000000 元，本年度实现净利润 2000000 元，按 10%提取盈余公积，按 20%提取任意盈余公积，同时将其中的资本公积转增资本 1000000 元，向投资者发放现金股利 1000000 元。该企业年末所有者权益总额为(　　)元。

A. 7000000　　B. 6400000

C. 6000000　　D. 5000000

14. 某企业年初未分配利润的借方余额为 300000 元，本年度实现的净利润为 400000 元，按 10%提取法定盈余公积。假定不考虑其他，该企业当年年末未分配利润的贷方余额应为(　　)元。

A. 660000　　B. 90000

C. 700000　　　　　　　　　D. 400000

15. 某企业年末发生以下情况:产生本年度净利润 1000 万元,按规定按 10%提取法定盈余公积,企业还存在以前年度未弥补亏损 200 万元,同时企业决定向投资者发放现金股利 100 万元。则该企业年末产生的净利润首先应该是(　　)。

A. 提取法定盈余公积　　　　B. 弥补亏损

C. 提取任意盈余公积　　　　D. 向投资者分配利润

16. 某企业收到 A 投资者作价投入的原材料一批,投出单位的账面原价为 200000 元,评估确认的价值为 180000 元,经税务部门认定的增值税为 30600 元,该企业应记入"实收资本"科目的金额为(　　)元。

A. 200000　　　　　　　　B. 230600

C. 210600　　　　　　　　D. 169400

17. 某股份有限公司委托某证券公司代理发行普通股 100 万股,每股面值 10 元,发行价定为 15 元,证券公司代理手续费为发行收入的 3%,从发行收入中扣除。则该公司收到在发行完毕后计入资本公积的数额为(　　)万元。

A. 1455　　　　　　　　　B. 1500

C. 500　　　　　　　　　　D. 455

18. 企业可以用于弥补 6 年前的亏损的来源有(　　)。

A. 税前利润

B. 税后利润

C. 应偿还的向投资者借来的款项

D. 实收资本

19. 盈余公积是企业从(　　)中提取的公积金。

A. 税前利润　　　　　　　B. 税后利润

C. 销售利润　　　　　　　D. 营业利润

20. 某企业年初未分配利润贷方余额为 100 万元,当年净利润为 200 万元,按 10%提取法定盈余公积,按 10%提取任意盈余公积。

向投资者分配利润100万元，该企业年末未分配利润为(　　)万元。

A. 300　　B. 200

C. 140　　D. 160

四、多项选择题

1. 所有者权益包括(　　)。

A. 实收资本　　B. 资本公积

C. 盈余公积　　D. 收益

2. 所有者权益与负债的区别有(　　)。

A. 对象不同　　B. 偿还期限不同

C. 收益报酬不同　　D. 享受权利不同

3. 投资者投入到企业的投资款项可分成两大类别(　　)。

A. 资本金　　B. 盈余公积

C. 资本公积　　D. 未分配利润

4. 影响所有者权益的来源有(　　)。

A. 所有者投入资本　　B. 获得净利润

C. 接受资产捐赠　　D. 向银行借款

5. 企业核算其注册资本，一般通过“实收资本”账户进行核算。其贷方登记(　　)。

A. 企业减少的注册资本

B. 投资者投入资本

C. 资本公积或盈余公积转增的资本

D. 资本溢价

6. 下列说法正确的是(　　)。

A. 公司发行股票支付的手续费、佣金等发行费用，溢价发行的，从溢价中抵销

B. 公司发行股票支付的手续费、佣金等发行费用，溢价发行的，计入“财务费用”

C. 公司发行股票支付的手续费、佣金等发行费用，无溢价的或

溢价不足以支付的部分，冲减盈余公积和未分配利润

D. 公司发行股票支付的手续费、佣金等发行费用，无溢价的，与有溢价的处理一样

7. 下列各项，构成企业留存收益的有（　　）。

A. 未分配利润　　B. 法定盈余公积

C. 任意盈余公积　　D. 资本公积

8. 企业接受投资者作价投入的房屋等固定资产，会计处理应（　　）。

A. 按投资各方确认的价值作为实收资本入账

B. 直接按账面原值入账

C. 按折余价值入账

D. 资本溢价部分计入资本公积

9. 下列各项属于资本公积的来源的有（　　）。

A. 资本溢价

B. 盈余公积

C. 直接计入所有者权益的利得和损失

D. 所有的利得和损失

10. 股份有限公司增加股本的途径有（　　）。

A. 增发股票　　B. 发放股票股利

C. 资本公积转增资本　　D. 盈余公积转增资本

11. 下列业务中，会导致所有者权益减少的有（　　）。

A. 发放股票股利　　B. 减少注册资本

C. 发放现金股利　　D. 股东间的股份转让

12. 企业弥补亏损的来源包括（　　）。

A. 盈余公积

B. 发生亏损后连续五年的税前利润

C. 以后年度的税后利润

D. 实收资本

13. 企业吸收投资者出资时，可能发生变化的科目有（　　）。

A. 利润分配　　B. 实收资本

C. 任意盈余公积　　D. 资本公积

14. 未分配利润是经过(　　)之后，留待以后年度分配的利润。

A. 提取法定盈余公积　　B. 弥补亏损

C. 向投资者分配利润　　D. 提取任意盈余公积

15. 股份公司发行股票支付的手续费、佣金等交易费用，如果溢价金额不足以抵扣的，应将不足抵扣的部分冲减(　　)。

A. 资本公积　　B. 盈余公积

C. 计入财务费用　　D. 未分配利润

16. 下列项目中，会影响资产负债表上所有者权益金额大小的有(　　)。

A. 计提盈余公积　　B. 盈余公积转增资本

C. 年末亏损　　D. 接受投资者的投资

17. 进行留存收益核算时，主要的业务有(　　)。

A. 提取盈余公积　　B. 盈余公积补亏

C. 向投资者分配利润　　D. 本年利润的结转

18. 下列事项中，会导致实收资本或股本发生变动的有(　　)。

A. 资本公积转增资本　　B. 盈余公积转增资本

C. 盈余公积弥补亏损　　D. 派送新股

19. 投资者投资企业的投入方式可以是(　　)。

A. 产品　　B. 股票市场购买的股票

C. 专利权　　D. 向银行借入的款项

20. 企业可分配利润的组成部分包括(　　)。

A. 当年实现的净利润　　B. 以前年度亏损

C. 盈余公积补亏　　D. 实收资本

五、计算分析题

1. 某企业 2006 年 12 月 31 日编制的资产负债表中所有者权益数据如下：

实收资本　　1300000　　资本公积　　　2000000

盈余公积　　　800000　　未分配利润借余　400000

2007年,发生如下会计事项:

(1) 企业新增资本30万元,由原投资人按比例投入。

(2) 2007年获得净利润100万元,按10%提取盈余公积。

(3) 2007年12月20日,企业又增加注册资本20万元,接受甲为新投资者。按照约定,甲应投入50万元来拥有20万元的股份。

要求:计算该企业2007年12月31日的实收资本、资本公积、盈余公积、未分配利润的账面价值。

2. 2007年12月31日,某公司实收资本账面价值为200万元,资本公积为70万元,盈余公积为90万元,利润分配——未分配利润为贷方100万元。2008年接受投资者投入一台设备,设备账面价值80万元,已提折旧20万元,双方协议价为40万元;2008年实现净利润110万元。该公司决定按法律规定提取净利润的10%作为法定盈余公积,按公司章程提取20%作为任意盈余公积,分配30万元作为股东现金股利。假设上述行为已经全部完成,不考虑其他因素。

要求：计算该公司2008年12月31日实收资本、资本公积、盈余公积、未分配利润的账面价值。

六、业务题

1. A公司发生如下经济业务：

(1)2005年1月1日，A有限责任公司由甲、乙、丙共同投资设立，注册资本为100万元，甲、乙、丙持股比例分别为40%、30%、30%。按照公司章程规定，甲、乙、丙投入资本分别为40万元、30万元、30万元。A公司已如期收到各投资者一次缴足的款项。

(2)2006年1月1日，为扩大经营规模，经批准，A公司注册资本增加到200万元，并引入第四位投资者丁加入。按照投资协议，新投资者需缴入现金150万元，同时享有该公司50%的股份。A公司已收到该现金投资。假定不考虑其他因素。

要求：编制有关的会计分录。

2. B公司于设立时发生下列会计事项：

(1)收到方维企业作为资本投入的全新的不需安装的设备一台，各方确认的价值为100万元(含增值税)，合同约定的固定资产价值与公允价值相符。

(2)收到四维企业作为资本投入的原材料一批，确认的价值为50万元。同时四维公司购入时的增值税发票上标明的增值税额为8.5万元，已经税务机关允许，B公司可以将其作为进项税抵扣。

(3)收到万杰公司作为资本投入的专利权一项，投资合同上约定的价值为80万元。

假如上述事项都无资本溢价，符合国家法律法规的规定，不考虑其他因素。

要求：编制B公司有关的会计分录。

3. C股份有限公司依法发行股票筹集资本，共发行普通股1000万股，每股面值1元，每股发行价格2元。根据约定，C股份公司按发行收入的5%向代理发行的债券公司支付发行费用，从发行收入中抵扣。假设股票已发行成功，股款已划入C股份公司的银行账户。

要求：编制C公司有关的会计分录。

4. 甲、乙、丙三人投资组建一家责任有限公司，注册资本1000万元。甲、乙、丙分别持股的比例为50%、30%、20%。本年度发生下列会计事项：

(1)为扩大经营规模，经批准，该公司的注册资本扩大到1500万元，甲、乙、丙按照原出资比例追加投资。各投资者一次性将追加投资款项缴纳，款项已存入公司账户。

(2)因国外投资办厂需要，经批准，该公司按原出资比例将资本公积和盈余公积各300万元转增资本。

要求：编制该公司有关的会计分录。

5. D公司年初未分配利润为－100000元，发生下列会计事项：

(1)公司用盈余公积100000元弥补以前年度亏损；

(2)本年实现净利润100万元，结转净利润到所有者权益。

(3)按净利润的10%的比例提取法定盈余公积，另提取任意盈余公积5万元。

(4)宣告发放现金股利30万元。

要求：编制相关会计分录。

七、案例分析题

1. B公司年末的“实收资本”账户记录为500万元，所有者权益总额为1000万元。第二年B公司打算生产一种新产品，该种新产品的生产设备只有A企业才生产。B公司经与A企业协商后，考虑到公司整体的财务状况，经董事会决定并报原审批机关批准，决定吸收A企业作为产品的设备投资，享有本公司20％的股权。该设备的市场价为200万元。另公司注册资本已办理变更登记，调整为600万元。B公司接受该投资后的账务处理为：

A企业在本公司享有的股份＝1000×20％＝200(万元)，因此：

借：固定资产　　　　2000000

　贷：实收资本　　　　2000000

试分析：B公司的决定和会计处理是否存在错误？为什么？

2. 观大股份有限公司2000年初以募集方式设立，发行股票面值为5000万元，发行价为7500万元。至2000年末，该公司经营既无利润也无亏损。2001年该公司亏损900万元人民币。此后又进入不亏不盈的局面。2006年，由于公司管理层调整经营策略，加强管理，经营大有起色，当年盈利800万元。公司董事会考虑因为公司连年无盈利，一直没有给股东分配股利，于是决定将利润中的50万元留存企业，其余作为现金股利分配给股东。

试分析：观大股份有限公司的做法是否存在问题？为什么？

第八章参考答案

一、填空题

1. 负债　所有者权益　2. 实收资本　3. 实收资本　资本公积　盈余公积　未分配利润　4. 盈余公积　未分配利润　5. 投资者　所有者　6. 实收资本　7. 利润　8. 可供分配利润　9. 资本公积　10. 股东权益

二、判断改错题

1. ×　2. √　3. √　4. ×　5. √　6. √　7. ×　8. ×　9. √　10. ×　11. ×　12. ×　13. √　14. ×　15. √

三、单项选择题

1. B　2. B　3. C　4. A　5. D　6. A　7. C　8. D　9. D　10. B　11. D　12. A　13. C　14. B　15. B　16. C　17. D　18. B　19. B　20. D

四、多项选择题

1. ABC　2. ABCD　3. AC　4. ABC　5. BC　6. AC　7. ABC　8. AD　9. AC　10. ABCD　11. BC　12. ABC　13. BD　14. ABCD　15. BD　16. CD　17. ABCD　18. ABD　19. ABCD　20. ABC

五、计算分析题

1. 2007 年 12 月 31 日该企业所有者权益各个项目数据如下：

实收资本：1300000＋300000＋200000＝1800000(元)

资本公积：2000000＋300000＝2300000(元)

盈余公积：800000＋1000000×10％＝900000(元)

未分配利润：－400000＋1000000－100000＝500000(元)

2. A 公司 2008 年 12 月 31 日所有者权益各个项目数据如下：

实收资本：200＋40＝240(万元)

资本公积：70(万元)

盈余公积：90＋110×10％＋110×20％＝123(万元)

未分配利润：100＋(110－110×10％－110×20％－30)

＝147(万元)

六、业务题

1.(1)借：银行存款	1000000	
贷：实收资本——甲		400000
——乙		300000
——丙		300000
(2)借：银行存款	1500000	
贷：实收资本——丁		1000000
资本公积		500000

丁所拥有的股份份额＝200×50％＝100(万元)

2.(1)借：固定资产	1000000	
贷：实收资本——方维		1000000
(2)借：原材料	500000	
应交税费——应交增值税(进项税额)	85000	
贷：实收资本——四维		585000

(3)借:无形资产——专利权 800000

贷:实收资本——万杰 800000

3. C股份有限公司收到的银行存款:

1000×2－1000×2×5%＝1900(万元)

C股份有限公司确认的股本:

1000×1＝1000(万元)

C股份有限公司确认的资本公积:

1000×2－1000×2×5%－1000×1＝900(万元)

会计处理如下:

借:银行存款 19000000

贷:股本 10000000

资本公积 9000000

4. (1)该公司扩资500万元,按原投资比例出资。

甲追加投资额:500×50%＝250(万元)

乙追加投资额:500×30%＝150(万元)

丙追加投资额:500×20%＝100(万元)

会计处理如下:

借:银行存款 5000000

贷:实收资本——甲 2500000

——乙 1500000

——丙 1000000

(2)资本公积、盈余公积转增资本时,应该按照转增前的实收资本比例结构,将转增资本的数额计入各所有者的投资明细账。

该公司从资本公积、盈余公积共转增资本600万元,按照原实收资本比例结构,甲的投资明细账应增加300万元(600×50%),乙增加180万元,丙增加120万元。会计处理如下:

借:资本公积 3000000

盈余公积 3000000

贷:实收资本——甲　　3000000
　　——乙　　1800000
　　——丙　　1200000

5. (1)借:盈余公积　　100000
　　贷:利润分配——盈余公积补亏　　100000
(2)借:本年利润　　1000000
　　贷:利润分配——未分配利润　　1000000
(3)借:利润分配——提取盈余公积　　150000
　　贷:盈余公积——法定盈余公积　　100000
　　——任意盈余公积　　50000
借:利润分配——未分配利润　　150000
　　贷:利润分配——提取盈余公积　　150000
(4)借:利润分配——应付现金股利　　300000
　　贷:应付股利　　300000
借:利润分配——未分配利润　　300000
　　贷:利润分配——应付现金股利　　300000

七、案例分析题

1. (1)B公司根据生产发展需要,经董事会决定并报原审批机关批准,吸收A企业投资,且注册资本已办理变更登记,在手续上是完备的、合规的。

(2)B公司接受投资后的注册资本调整为600万元。A企业享受B公司20%的股权,则A企业的股权份额为120万元(600×20%)。

(3)A企业投入的产品市场价为200万元,应将确认的股份数120万元作为实收资本,资本溢价的80万元作为资本公积来处理。因此B公司在收到A企业的投资时,应作如下的会计处理:

借:固定资产　　　　2000000

　贷:实收资本　　　　1200000

　　资本公积　　　　800000

2. 考虑利润分配的政策和分配顺序。

第九章　所有者权益——收入、费用及利润

一、填空题

1. 结转完工产品的实际成本，应借记________账户，贷记________账户。

2. 月末计算出应交纳的所得税，应借记________账户，贷记________账户。

3. 企业在生产过程中实际消耗的直接材料、________、________计入产品制造成本。

4. 法定盈余公积金和任意盈余公积金的主要用途有________和________。

5. 企业销售商品、提供劳务时，应借记“应收账款”或“银行存款”等账户，贷记________账户。

6. 期间费用是指企业当期发生的不计入________，必须从当期________得到补偿的费用，包括________、管理费用和________。

7. 其他业务收入具体包括________、________和技术转让等业务所取得的收入。

二、判断改错题

1. (　　) 企业对预收账款这种预收收入的调整，是随着产品、劳务的提供，销售的实现而随时进行冲销的。

2.（　　）出租包装物的租金收入应通过“其他业务收入”账户核算。

3.（　　）采用预收货款销售商品产品，以预收货款日作为收入实现日。

4.（　　）销售费用与制造费用不同，本期发生的销售费用直接影响本期损益，但本期发生的制造费用则不影响当期损益。

5.（　　）收入能否可靠地计量，是确认收入的基本前提之一。

6.（　　）车间管理人员的工资不属于直接工资，因而不能计入产品成本，而应计入期间费用。

7.（　　）期间费用发生的当期全部列入当期损益，不计入产品成本。

8.（　　）产品制造成本是当期直接费用、间接费用和期间费用的总和。

9.（　　）企业销售商品，按规定于月末计算出应交纳的消费税、城市维护建设税、教育费附加等，应借记“所得税费用”账户，贷记“应交税费”账户。

10.（　　）“所得税费用”、“本年利润”、“利润分配”账户均属于所有者权益。

11.（　　）企业期末结转库存产品到已销产品的成本时，应借记“主营业务成本”账户，贷记“库存商品”账户。

12.（　　）盈余公积是从销售收入中提取的公积金。

13.（　　）接受捐赠的固定资产使所有者权益增加，故应计入盈余公积。

14.（　　）当期发生的制造费用应于期末全部列入当期损益。

15.（　　）企业期末收入类账户结转到“本年利润”账户借方。

三、单项选择题

1.（　　）是正确核算各个会计期间损益的前提，也是组织会计核算的基本前提之一。

A. 会计期间的划分　　B. 会计科目的区分

C. 会计主体的区分　　D. 会计要素的区分

2. 车间管理人员的工资和厂部管理人员的工资分别借记（　　）账户。

A.“制造费用”和“管理费用”

B.“管理费用”和“销售费用”

C.“生产成本”和“管理费用”

D.“制造成本”和“财务费用”

3. 在收付实现制下，对已支付的下季度的报纸杂志订阅费应作（　　）处理。

A. 预付账款　　B. 下期费用

C. 本期费用　　D. 应付账款

4. 在权责发生制下，对已支付的下季度报纸杂志订阅费应作为（　　）。

A. 预付账款　　B. 应付账款

C. 本期费用　　　　　　　　D. 期间费用

5. 预收货款业务不多的企业,可以不设“预收账款”账户,直接将预收的货款记入(　　)。

A. “应收账款”账户的借方　B. “应收账款”账户的贷方

C. “应付账款”账户的借方　D. “应付账款”账户的贷方

6. 每期计提固定资产折旧时,应贷记(　　)账户。

A. 制造费用　　　　　　　　B. 累计折旧

C. 管理费用　　　　　　　　D. 固定资产

7. 企业按规定于本月末计算出应交的教育费附加,应借记“营业税金及附加”账户,贷记(　　)账户。

A. 应交税费　　　　　　　　B. 其他应交款

C. 其他应付款　　　　　　　D. 应付账款

8. “本年利润”账户的贷方余额表示(　　)。

A. 利润分配额　　　　　　　B. 净利润

C. 未分配利润额　　　　　　D. 亏损总额

9. 下列项目中,属于营业外收入的业务为(　　)。

A. 销售产品收入　　　　　　B. 销售材料收入

C. 接受捐赠的固定资产　　　D. 出租固定资产收入

10. 车间管理部门使用的固定资产计提折旧费时应借记(　　)账户,贷记“累计折旧”账户。

A. 制造费用　　　　　　　　B. 管理费用

C. 折旧费用　　　　　　　　D. 生产费用

11. 计算应交所得税的会计处理,应借记(　　)账户,贷记“应交税费”账户。

A. 销售费用　　　　　　　　B. 财务费用

C. 营业税金及附加　　　　　D. 所得税费用

12. 年末结转后,“利润分配”账户的贷方余额表示(　　)。

A. 利润分配总额　　　　　　B. 未弥补亏损

C. 未分配利润　　　　　　　D. 实现的利润总额

13. 营业外支出是(　　)。

A. 与企业经营收入相联系的耗费

B. 企业经营以外发生的耗费

C. 实现经营收入而产生的耗费

D. 为进行产品制造而产生的耗费

14. “生产成本”账户的期末借方余额表示(　　)。

A. 完工产品成本　　B. 本月生产费用合计

C. 期末在产品成本　　D. 库存产品成本

15. 企业乙车间月初在产品成本为1000元,本月耗用材料6000元,生产工人工资及福利费4000元,乙车间管理人员工资福利费2000元,乙车间水电费2000元,月末在产品生产成本为2200元,厂部预付半年报刊费600元(含本月)。则乙车间本月完工产品生产成本总额为(　　)元。

A. 17200　　B. 14000

C. 12800　　D. 13400

四、多项选择题

1. 属于收付期在前,而归属期在后的有(　　)。

A. 预付费用　　B. 预收收入

C. 应计费用　　D. 应计收入

2. 企业估计银行借款利息支出,而尚未实际支付时,应(　　)。

A. 借记“财务费用”账户

B. 贷记“财务费用”账户

C. 借记“预付账款”账户

D. 贷记“应付账款”账户

3. 下列各项目中,应当在计算净利润时扣除的有(　　)。

A. 罚款支出　　B. 所得税费用

C. 盈余公积　　D. 应付股利

4. 下列各项目中,可能与“营业外收入”账户的贷方发生对应关系的借方账户有(　　)。

A. 待处理财产损溢　　B. 银行存款

C. 固定资产清理　　D. 利润分配

5. 下列各项目中，属于他人使用本企业资产应确认收入的有(　　)。

A. 他人使用本企业现金按期计提的利息收入

B. 出售固定资产所取得的收入

C. 合同约定按销售收入一定比例收取的商标使用费收入

D. 出售自制半成品所取得的收入

6. 产品成本项目包括(　　)。

A. 直接材料费用　　B. 直接人工费用

C. 销售费用　　D. 制造费用

7. 企业月末估计银行存款的利息收入，而尚未实际收到时，应(　　)账户。

A. 借记"其他应收款"

B. 贷记"财务费用"

C. 贷记"其他业务收入"

D. 借记"财务费用"

8. 下列费用中，应作为销售费用处理的有(　　)。

A. 销售过程中发生的运输费用

B. 发生的业务招待费

C. 专设销售机构费用

D. 工会经费和公司经费

9. 下列账户中，能与"主营业务收入"对应的账户有(　　)。

A. 库存现金　　B. 银行存款

C. 应交税费　　D. 应收账款

10. 资本公积核算的内容包括(　　)。

A. 固定资产的清理收益　　B. 股本溢价

C. 接受捐赠资产　　D. 资本溢价

11. 下列各项中,属于期间费用的有(　　)。

A. 广告费用

B. 短期借款利息费用

C. 车间管理人员的工资费用

D. 预付的仓库租赁费用

12. 下列各项中,应直接计入当期损益的是(　　)。

A. 制造费用　　B. 财务费用

C. 所得税费用　　D. 管理费用

13. 企业计入"营业税金及附加"账户的税金包括(　　)。

A. 增值税　　B. 营业税

C. 消费税　　D. 城市维护建设税和教育费附加

14. 月末,转入"本年利润"账户借方的对应账户为(　　)。

A. 主营业务成本　　B. 主营业务收入

C. 制造费用　　D. 财务费用

15. 与"营业利润"计算有关的项目有(　　)。

A. 主营业务成本　　B. 主营业务收入

C. 资产减值准备　　D. 投资收益

五、计算分析题

1. 练习权责发生制和收付实现制下收入和费用的确定。

某企业 4 月份有关收入和费用的经济业务如下:

(1) 按合同规定向国泰公司销售产品 50000 元,已收到 30000 元,货款存入银行,余款暂欠。

(2) 收到上月应收的销货款 2000 元,存入银行。

(3) 预付第三季度租用办公用房租金 3000 元。

(4)收到购货单位的预付货款 20000 元。

(5) 计提本月应负担的银行借款利息 800 元。

(6)交纳上月营业税金及附加 1000 元。

(7)支付第一季度所得税费用 2400 元。

要求：按权责发生制和收付实现制列表计算本月(4月份)的收入和费用(见表9-1)。

表9-1 **本月收入和费用计算表** 单位:元

业务号	权责发生制		收付实现制	
	收 入	费 用	收 入	费 用
1				
2				
3				
4				
5				
6				
7				
合计				

2. 练习制造费用的分配核算。

某企业生产车间生产A、B两种产品。6月份该车间发生制造费用共计50000元,生产工人工资80000元(其中A产品20000元,B产品60000元)。

要求:按直接人工费用比例分配并结转本月的制造费用。

3. 练习利润的计算和结转分录的编制。

某企业 2006 年度决算时，各类账户 12 月份余额为(见表 9-2)：

表 9-2 账户余额表 单位：元

账户名称	结账前余额
主营业务收入	300000(贷)
营业税金及附加	15000(借)
主营业务成本	130000(借)
销售费用	8000(借)
管理费用	18000(借)
财务费用	5000(借)
其他业务收入	20000(贷)
其他业务成本	18000(借)
投资收益	6000(贷)
营业外收入	7640(贷)
营业外支出	5640(借)
所得税费用	44220(借)

要求：(1)根据上述资料编制期末结转分录。

(2)计算出营业利润、利润总额及净利润的数额。

六、业务题

1. 练习制造费用的分配。

某机器制造厂 5 月份发生下列经济业务：

(1)5 月份各处材料耗用汇总如下：制造 A 产品领料 5000 元，制造 B 产品领料 3000 元，车间一般消耗领料 600 元，厂部一般消耗领料 400 元，共计 9000 元。

(2)5 月份应付职工工资如下：制造 A 产品工人工资 3000 元，B 产品工人工资 4000 元；车间管理人员工资 1000 元，厂部管理人员工资 2000 元。

(3)按上述工资总额的 14%计算提取本月职工福利费。

(4)计提本月折旧费共计 4000 元，其中厂部固定资产折旧费 1500 元，车间厂房设备折旧费用 2500 元。

(5)用银行存款支付厂部设备修理费 500 元，车间设备修理费 600 元。

(6)以银行存款支付本月电费 7000 元，其中 A 产品生产用电 2500 元，B 产品生产用电 3500 元，车间照明用电 1000 元。

(7)以现金支付车间办公用品费 100 元。

(8)已知本月 A、B 两种产品的生产工时分别为 4000 小时和 6000 小时，本车间按生产工时比例分配并结转制造费用。

要求：(1)为上述经济业务编制会计分录。

(2)计算填制“制造费用分配表”(见表 9-3)。

表 9-3　　　　制造费用分配表

产品名称	生产工时 (小时)	分配率	分配金额 (元)
A 产品			
B 产品			
合　计			

2. 练习生产过程的核算和产品成本的计算。

某工厂 2006 年 10 月发生以下经济业务：

(1)本月材料领用情况如下(见表 9-4)：

表 9-4　　材料领用情况表

	A 材料		B 材料		C 材料		辅材	合计
	数量(吨)	金额(元)	数量(吨)	金额(元)	数量(吨)	金额(元)	金额(元)	
产品甲用	50	110000	10	17000	5	20000	3000	150000
产品乙用	10	21000			2	8000	1000	30000
车间部门用							2000	2000
行政管理部门用							1000	1000
合计	60	131000	10	17000	7	28000	7000	183000

(2)本月职工工资计算如下：

甲产品生产工人工资 50000 元；

乙产品生产工人工资 40000 元；

车间行政人员工资 2000 元；

管理人员工资 20000 元

(3)按规定提取职工工资总额 14%的福利费。

(4)从银行提现 112000 元，备发本月工资。

(5)以银行存款支付水电费 4000 元，其中：

生产甲产品耗用 1500 元；

生产乙产品耗用 1000 元；

厂部管理部门耗用 1500 元。

(6)车间报销办公费 200 元，以现金支付。

(7)以银行存款预付 2007 年书报费 480 元。

(8)按规定折旧率计提本月固定资产折旧，其中车间使用的固定资产折旧为 3000 元，管理部门使用的固定资产折旧为 2000 元。

(9)用现金支付应由本月车间负担的大修理费 600 元。

(10)摊销应由本月车间负担的报刊费 290 元。

(11)按规定计提本月银行借款利息费 300 元。

(12)月末将制造费用按工资比例分配到生产成本上。

(13)月末甲、乙产品全部完工验收入库，其中：甲产品 1000 件，乙产品 500 件，结转实际成本。

要求：根据上述资料编制会计分录。

3. 练习销售过程的核算、账户的结转和利润分配的核算。

(1)某工厂 2006 年 5 月份发生如下经济业务：

①出售产品 A 一批，售价为 100000 元，货款收到，存入银行。

②按出售产品的实际成本 70000 元结转主营业务成本。

③将逾期未退回随同产品出售的包装物押金 2000 元，转作企业的其他业务收入(不考虑增值税因素)。

④以银行存款支付待业保险费和劳动保险费 4000 元。

⑤以银行存款支付银行借款利息 1500 元，前两个月已预提利息费用 1000 元。

⑥以现金支付产品销售过程中的运输费 500 元。

⑦以银行存款支付业务招待费 3000 元。

⑧以银行存款支付广告费 15000 元。

⑨以银行存款支付违约罚金 500 元。

⑩企业将一台原值10000元，已提折旧7000元的设备进行处置，获取收入4000元，存入银行(不考虑营业税)。

⑪结转本期收入。假定本期期末结转前的“主营业务收入”账户余额为230000元，“其他业务收入”账户50000元，“营业外收入”账户1000元。

⑫结转本月主营业务成本、营业税金及附加、期间费用和营业外支出。其中，“主营业务成本”账户期末结转前余额为200000元，“营业税金及附加”账户余额为11500元，“其他业务成本”为30000元，“财务费用”账户余额为3000元，“管理费用”账户余额为15000元，“销售费用”账户余额为18000元，“营业外支出”账户余额为500元。

⑬按规定缴纳25%的所得税，并将净利润结转到“利润分配”账户。

⑭按规定提取盈余公积金(税后利润10%)。

⑮按规定分配1500元的利润。

要求：

(1)编制以上业务会计分录。

(2)计算营业利润、利润总额和未分配利润。

(2)某企业发生的有关经济业务如下：

①销售甲产品1000件，每件售价80元，增值税销项税额13600元，款已通过银行收讫。

②企业同城销售给长江公司乙产品900件，每件售价50元，但货款、税款尚未收回。假设增值税税率为17%。

③结转已售甲、乙产品的成本。其中：甲产品的产品成本60000元，乙产品的产品成本40000元。

④以银行存款支付销售甲、乙产品的销售费用1500元。

⑤根据规定计算应纳城市维护建设税8750元。

⑥采购人员外出回来报销差旅费350元，余款以现金交回(原已预支400元)。

⑦以现金支付厂部办公费1000元。

⑧企业收到长江公司前欠货款并存入银行。

⑨摊销应由本期销售费用负担的仓库租赁费200元。

⑩经批准盘盈的待处理财产3000元作营业外收入。

⑪收到本期出租包装物租金收入3020元存入银行。

⑫本企业投资的股份公司宣告分配股利，本企业可分得股利5000元。

⑬根据上述业务结转损益类账户。

⑭根据本期实现的利润总额，按25%税率计算应交所得税。

⑮用银行存款上交城市维护建设税和所得税。

要求：(1)为上述经济业务编制会计分录。

(2)计算税后利润、法定盈余公积(计提比例10%)、任意盈余公积金(计提比例5%)、未分配利润(若分配投资者利润按净利润扣除盈余公积后的50%计算)。

七、案例分析题

泰丰公司存货采用实地盘存制。2008 年 5 月 3 日，一场大火烧毁了该公司的全部存货。为了向保险公司索赔，需估计火灾烧毁存货的损失。

经了解，公司最近一次实地盘点是在 2007 年 12 月 31 日。2007 年度的利润表如下：

泰丰公司利润表

2007 年度　　单位:元

主营业务收入	500000
减:主营业务成本	—
期初存货	100000
本期购货	250000
本期可供销售的存货成本	350000
减:期末存货	50000
本期销售成本	300000
销货毛利	200000
减:管理费用	10000
财务费用	2000
销售费用	8000
加:投资收益	—
营业利润	180000
加:营业外收入	70000
减:营业外支出	60000
利润总额	190000

上述主营业务收入中不包括2007年底已赊销但客户尚未提货的商品一批，该批商品售价20000元，在2007年盘点时未列作存货。上述购货金额中包括2007年底购进的汽车一辆50000元。但这辆汽车的价值却未包含在2007年末的期末存货成本中。

财务人员准备使用往年的毛利率进行估算火灾造成的损失。通过查询了解到公司在2008年1月至2008年5月3日之前的购销记录情况：销售商品的收入180000元，购进商品的成本为140000元，还包括2007年底已赊销的20000元。

要求：根据你所了解的情况，试编写一份向保险公司索赔的财务报告书，具体列明索赔的金额和理由。

第九章参考答案

一、填空题

1. 库存商品　生产成本　2. 所得税费用　应交税费　3. 直接人工　制造费用　4. 弥补亏损　转增资本　5. 主营业务收入　6. 产品成本　收入　销售费用　财务费用　7. 出售原材料 出租包装物

二、判断改错题

1. √　2. √　3. ×　4. ×　5. √　6. ×　7. √　8. ×　9. ×　10. ×　11. √　12. ×　13. ×　14. ×　15. ×

三、单项选择题

1. A　2. A　3. C　4. A　5. B　6. B　7. A　8. B　9. C　10. A　11. D　12. C　13. B　14. C　15. C

四、多项选择题

1. AB　2. AD　3. AB　4. BC　5. AC　6. ABD　7. AB　8. AC　9. ABD　10. BD　11. AB　12. BCD　13. BCD　14. AD　15. ABD

五、计算分析题

1. 按权责发生制和收付实现制列表计算本月(4 月份)的收入和费用

本月收入和费用计算表

单位:元

项目	权责发生制		收付实现制	
	收入	费用	收入	费用
1	50000		30000	
2			2000	
3				3000
4			20000	
5		800		
6				1000
7				2400
合计	50000	800	52000	6400

2. 按直接人工费用比例分配并结转本月的制造费用。

制造费用分配表

产品名称	生产工资(元)	分配率	分配金额(元)
A 产品	20000	0.625	12500
B 产品	60000	0.625	37500
合　计	80000		50000

借:生产成本——A 产品　12500

　　　　　——B 产品　37500

　贷:制造费用　50000

3. 练习利润的计算和结转分录的编制。

(1)编制期末结转分录:

借:主营业务收入　300000

　其他业务收入　20000

　　投资收益　　6000
　　营业外收入　　7640
　贷:本年利润　　333640
借:本年利润　　243860
　贷:主营业务成本　　130000
　　营业税金及附加　　15000
　　其他业务成本　　18000
　　销售费用　　8000
　　财务费用　　5000
　　管理费用　　18000
　　营业外支出　　5640
　　所得税费用　　44220

(2)计算营业利润、利润总额及净利润的数额。

营业利润＝(300000＋20000)－(130000＋18000)－15000－8000－18000－5000＋6000＝132000(元)

利润总额＝132000＋(7640－5640)＝134000(元)

净利润＝134000－44220＝89780(元)

六、业务题

1. 练习制造费用的分配。

(1)编制会计分录:

①借:生产成本——A　　5000
　　　　　　——B　　3000
　　制造费用　　600
　　管理费用　　400
　贷:原材料　　9000
②借:生产成本——A　　3000
　　　　　　——B　　4000
　　制造费用　　1000

管理费用　　　　2000
贷:应付职工薪酬　　　　10000
③借:生产成本——A　　　　420
——B　　　　560
制造费用　　　　140
管理费用　　　　280
贷:应付职工薪酬　　　　1400
④借:制造费用　　　　2500
管理费用　　　　1500
贷:累计折旧　　　　4000
⑤借:制造费用　　　　600
管理费用　　　　500
贷:银行存款　　　　1100
⑥借:生产成本——A　　　　2500
——B　　　　3500
制造费用　　　　1000
贷:银行存款　　　　7000
⑦借:制造费用　　　　100
贷:库存现金　　　　100
⑧借:生产成本——A　　　　2376
——B　　　　3564
贷:制造费用　　　　5940

(2)　**制造费用分配表**

产品名称	生产工时(小时)	分配率	分配金额(元)
A产品	4000	0.594	2376
B产品	6000	0.594	3564
合　计	10000		5940

2. 练习生产过程的核算和产品成本的计算。

编制会计分录。

①借:生产成本——甲	150000
——乙	30000
制造费用	2000
管理费用	1000
贷:原材料——A	131000
——B	17000
——C	28000
——辅助材料	7000
②借:生产成本——甲	50000
——乙	40000
制造费用	2000
管理费用	20000
贷:应付职工薪酬	112000
③借:生产成本——甲	7000
——乙	5600
制造费用	280
管理费用	2800
贷:应付职工薪酬	15680
④借:库存现金	112000
贷:银行存款	112000
⑤借:生产成本——甲	1500
——乙	1000
管理费用	1500
贷:银行存款	4000
⑥借:制造费用	200
贷:库存现金	200
⑦借:预付账款	480
贷:银行存款	480

⑧借:制造费用 3000

管理费用 2000

贷:累计折旧 5000

⑨借:制造费用 600

贷:库存现金 600

⑩借:制造费用 290

贷:其他应收款 290

⑪借:财务费用 300

贷:应付利息 300

⑫借:生产成本——甲 4650

——乙 3720

贷:制造费用 8370

⑬借:库存商品——甲 213150

——乙 80320

贷:生产成本——甲 213150

——乙 80320

3. 练习销售过程的核算、账户的结转和利润分配的核算。

(1)编制会计分录。

①借:银行存款 100000

贷:主营业务收入 100000

②借:主营业务成本 70000

贷:库存商品 70000

③借:其他应付款 2000

贷:其他业务收入 2000

④借:管理费用 4000

贷:银行存款 4000

⑤借:财务费用 500

应付利息 1000

贷:银行存款 1500

⑥借:销售费用 500
　　贷:库存现金 500
⑦借:管理费用 3000
　　贷:银行存款 3000
⑧借:销售费用 15000
　　贷:银行存款 15000
⑨借:营业外支出 500
　　贷:银行存款 500
⑩借:固定资产清理 3000
　　　累计折旧 7000
　　贷:固定资产 10000
　借:银行存款 4000
　　贷:固定资产清理 4000
　借:固定资产清理 1000
　　贷:营业外收入 1000
⑪借:主营业务收入 230000
　　　其他业务收入 50000
　　　营业外收入 1000
　　贷:本年利润 281000
⑫借:本年利润 278000
　　贷:主营业务成本 200000
　　　　营业税金及附加 11500
　　　　其他业务成本 30000
　　　　财务费用 3000
　　　　管理费用 15000
　　　　销售费用 18000
　　　　营业外支出 500
⑬借:所得税费用 750
　　贷:应交税费 750

借:本年利润　　2250
　贷:利润分配　　2250

⑭借:利润分配　　225
　贷:盈余公积　　225

⑮借:利润分配　　1500
　贷:应付股利　　1500

计算营业利润、利润总额和未分配利润

营业利润＝(230000＋5000)－(200000＋30000)－11500
　－3000－15000－18000
　＝2500(元)

利润总额＝2500＋500＝3000(元)

未分配利润＝3000－750－225－1500＝525(元)

(2)编制会计分录。

①借:银行存款　　93600
　贷:主营业务收入　　80000
　　应交税费　　13600

②借:应收账款　　52650
　贷:主营业务收入　　45000
　　应交税费　　7650

③借:主营业务成本　　100000
　贷:库存商品——甲产品　　60000
　　——乙产品　　40000

④借:销售费用　　1500
　贷:银行存款　　1500

⑤借:营业税金及附加　　8750
　贷:应交税费　　8750

⑥借:库存现金　　50
　管理费用　　350
　贷:其他应收款　　400

⑦借:管理费用 1000

贷:库存现金 1000

⑧借:银行存款 52650

贷:应收账款 52650

⑨借:销售费用 200

贷:预付账款 200

⑩借:待处理财产损溢 3000

贷:营业外收入 3000

⑪借:银行存款 3020

贷:其他业务收入 3020

⑫借:应收股利 5000

贷:投资收益 5000

⑬借:主营业务收入 125000

其他业务收入 3020

营业外收入 3000

投资收益 5000

贷:本年利润 136020

借:本年利润 111800

贷:主营业务成本 100000

营业税金及附加 8750

销售费用 1700

管理费用 1350

⑭借:所得税费用 6055

贷:应交税费 6055

⑮借:应交税费——应交城市维护建设税 8750

——应交所得税 6055

贷:银行存款 14805

计算:

税后利润=24220－6055=18165(元)

法定盈余公积＝18165×10％＝1816.5(元)

任意公积金＝18165×5％＝908.25(元)

未分配利润＝［18165－(1816.5＋908.25)］×50％＝7720.13(元)

七、案例分析题

解析:2007年12月31日存货的销货成本＝期初存货＋本期购货－期末存货＝100000＋(250000－50000)—50000＝250000(元)

2007年毛利率＝(500000－250000)/500000＝50％

2007年已赊销但客户尚未提货的商品成本＝商品售价20000元×50％＝10000(元)

2008年5月3日存货成本＝2007年12月31日存货＋2007年已赊销但客户尚未提货的商品＋2008年1月至5月3日之前购进的商品成本－2008年1月至5月3日之前已销售的商品成本＝50000＋10000＋140000－180000×50％＝110000(元)

故:该企业向保险公司索赔110000元。

第十章　财务报表

一、填空题

1. 企业提供给财务报表使用者，最能系统总括的反映其财务状况和经营成果的会计资料是__________。

2. 固定资产的抵减项目是__________。

3. 反映某一时刻财务状况的财务报表称为______________。

4. 资产负债表提供的是时点指标，主要是根据__________编制的。

5. 财务报告至少包括________________、________________、________________、________________和________________。

6. 反映企业某一期间经营成果的财务报表称为__________。

二、判断改错题

1. (　　) 资产负债表是反映企业财务状况变动的动态报表。

2. (　　) 利润表是根据有关账户的期末余额编制的。

3. (　　) 资产负债表上的资产都是企业所拥有或控制的资产。

4. (　　) 企业对外报告的财务报表的具体格式及项目由企业自行规定。

5.（　　）财务报表中负债项目的金额较大，说明企业的财务状况和经营成果较好。

6.（　　）资产负债表中“应收账款”项目应根据“应收账款”和“预收账款”账户所属明细账的期末借方余额合计填列。

7.（　　）在编制财务报表之前必须进行总账与明细账核对。

8.（　　）一年内到期的长期借款属于流动负债，在编制财务报表时应将其列入流动负债。

9.（　　）所有报表在每月末都应编制完成。

10.（　　）资产负债表的结构是根据资产＝负债＋所有者权益的公式展开的。

11.（　　）会计报表中有重要的会计信息，是企业的商业秘密，因此报表不能对外。

12.（　　）虽然资产负债表中的项目有些是根据账簿记录直接填列，有些是根据账簿记录计算填列，但它们的共同之处都是来源于账簿的期末余额。

三、单项选择题

1. 编制财务报表前，要编制总分类账户试算平衡表，检查总分类账户本身登记的正确性，以及总分类账户与其所属明细账、日记账之间数字的一致性，以保证（　　）。

A. 账实相符　　B. 已调整有关账户

C. 账表相符　　　　　D. 账账相符

2. 下列各项业务中,不影响企业利润总额的是(　　)。

A. 固定资产折旧　　　B. 管理人员工资

C. 确认当月贷款利息　　D. 支付所得税费用

3. 我国利润表按多步式编制,包括(　　)四个部分。

A. 营业收入、营业利润、利润总额、净利润

B. 主营业务利润、营业利润、利润总额、净利润

C. 主营业务收入、主营业务利润、应税利润额、可分配利润

D. 毛利、总利润、可分配利润、未分配利润

4. 反映某一特定期间企业经营成果的报表是(　　)。

A. 资产负债表　　　B. 利润表

C. 现金流量表　　　D. 财务状况变动表

5. 现金流量表本质上是以(　　)为基础编制的,能消除由于目前会计核算采用的估价配比等所产生的获利能力和支付能力。

A. 权责发生制　　　B. 客观原则

C. 收付实现制　　　D. 配比原则

6. 资产负债表和利润表同属于(　　)。

A. 对外报表　　　B. 财务状况报表

C. 财务成本报表　　D. 成本费用报表

7. 资产负债表和利润分配表项目的数据直接来源于(　　)。

A. 原始凭证　　　B. 记账凭证

C. 日记账　　　D. 账簿记录

8. 资产负债表中的"存货"项目,是指(　　)的期末余额。

A. 材料采购、原材料

B. 库存商品、材料采购和原材料

C. 生产成本

D. 以上都是

9. 编制资产负债表中的应付账款项目时,应考虑(　　)的期末余额。

A.“应付账款”总账户

B.“应付账款”各明细账户

C.“应付账款”的各明细账户与“预付账款”各明细账户

D.“应付账款”与“预付账款”总账户

10. 资产负债表中需要计算填列的有(　　)。

A. 交易性金融资产　　B. 货币资金

C. 累计折旧　　D. 应付职工薪酬

11. 资产负债表是反映企业在(　　)资产、负债和所有者权益情况的会计报表。

A. 某一特定时期　　B. 某一特定会计期间

C. 一定期间　　D. 某一特定日期

12. 根据“资产＝负债＋所有者权益”填列的会计报表是(　　)。

A. 资产负债表　　B. 利润表

C. 现金流量表　　D. 主营业务收支表

13. 资产负债表编制中,可以根据有关账簿记录直接填列的项目有(　　)。

A. 货币资金　　B. 存货

C. 短期借款　　D. 应收账款

14. 资产负债表中,“应收账款”项目应根据(　　)填列。

A.“应收账款”总分类科目期末借方余额

B.“应收账款”总分类账所属各明细分类账的期末借方余额

C.“应收账款”和“预付账款”总分类科目所属各明细分类账的期末借方余额

D.“应收账款”和“预收账款”总分类科目所属各明细分类账的期末借方余额

15. 下列报表中,属于对内报送的会计报表是(　　)。

A. 资产负债表　　B. 利润表

C. 现金流量表　　D. 商品生产成本表

四、多项选择题

1. 财务报告是由(　　)组成的。

A. 利润表　　B. 资产负债表

C. 现金流量表　　D. 利润分配表

E. 所有者权益变动表　　F. 附注

2. 下列资产负债表项目中,可根据若干总分类账户期末余额计算填列的有(　　)。

A. 货币资金　　B. 应收账款

C. 未分配利润　　D. 其他应付款

3. 资产负债表下列项目中,能直接根据某一科目总账余额填列的有(　　)。

A. 实收资本　　B. 长期借款

C. 短期借款　　D. 资本公积

4. 下列会计报表中,反映企业财务状况的对外报表是(　　)。

A. 资产负债表　　B. 损益表

C. 现金流量表　　D. 利润分配表

E. 所有者权益变动表

5. 资产负债表包括的会计要素有(　　)。

A. 资产　　B. 负债

C. 费用　　D. 收入

E. 所有者权益

6. 会计报表按其编报时间不同,分为(　　)。

A. 中期会计报表　　B. 月份报表

C. 季度报表　　D. 年度报表

E. 半年度报表

7. 属于资产负债表左方的项目有(　　)。

A. 固定资产　　B. 流动负债

C. 长期股权投资　　D. 长期负债

E. 无形资产

8. 资产负债表中，根据若干总账科目期末余额计算填列的项目有(　　)。

A. 货币资金　　B. 存货
C. 应付债券　　D. 资本公积
E. 长期借款

9. 现金等价物的特点是(　　)。

A. 可用于支付　　B. 持有期限短
C. 流动性强　　D. 易于转换为已知现金
E. 价值变动风险很小

10. 利润表根据有关损益类总账账户的本期发生额或净额填列的有(　　)。

A. 营业税金及附加　　B. 管理费用
C. 财务费用　　D. 资产减值损失
E. 公允价值变动损益

11. 在利润表中，一般列入"营业税金及附加"项目中的有(　　)。

A. 增值税　　B. 消费税
C. 营业税　　D. 城市维护建设税
E. 教育费附加

五、计算分析题

1. 创维公司 2008 年 10 月有关总账账户余额如下：

(1)"原材料"账户借方余额为 210000 元。

(2)"库存商品"账户借方余额为 185000 元。

(3)"生产成本"账户借方余额为 38000 元。

(4)"在途物资"账户借方余额为 15000 元。

(5)"利润分配"账户借方余额为 510000 元。

(6)"本年利润"账户贷方余额为 850000 元。

要求：计算填列月末资产负债表“存货”和“未分配利润”项目金额。

2. 甲企业2007年12月31日有关科目的余额如下：

应收账款——A　24000元(贷方)

——B　21000元(借方)

——C　35000元(贷方)

——D　17000元(借方)

预收账款——E　16000元(借方)

——F　25000元(贷方)

预付账款——G　42000元(贷方)

——H　31000元(借方)

计算填列资产负债表中以下项目：

(1)“应收账款”项目。

(2)“应付账款”项目。

(3)“预收账款”项目。

(4)“预付账款”项目。

3. 某企业2007年1月1日至12月31日损益类科目累计发生额如下：

主营业务收入3750万元(贷方)；

主营业务成本1375万元(借方)；

营业税金及附加425万元(借方)；

销售费用500万元(借方)；

管理费用250万元(借方)；

财务费用250万元(借方)；

投资净收益500万元(贷方)；

营业外收入250万元(贷方)；

营业外支出200万元(借方)；

所得税费用600万元(借方)。

要求：计算该企业2007年的营业利润、利润总额和净利润。

六、业务题

1. 练习资产负债表的编制。

广兴公司2007年12月31日的有关资料。

(1)年末结账后总分类账余额如下表：

单位:元

账户名称	年初数	年末数	账户名称	年初数	年末数
现金	900	1200	短期借款	125000	128000
银行存款	78100	98000	应付账款	62500	65100
应收票据	9600	10800	预收账款	2500	2900
应收账款	77400	88200	应付职工薪酬	6323	7572
预付账款	2700	3200	应付股利	19810	21100
其他应收款	5050	5800	应交税费	8427	9078
原材料	96260	112200	其他应付款	3200	3600
生产成本	89100	78400	应付利息	5640	6200
库存商品	93290	96200	累计折旧	60000	88000
固定资产	452000	497000	长期借款	220000	240000
无形资产	30000	27000	实收资本	395000	395000
利润分配	76230	81140	资本公积	2000	2000
			盈余公积	18030	36790
			本年利润	84200	93800
合　计	1012630	1099140	合　计	1012630	1099140

(2)有关明细分类账户余额如下:

	年初数(元)	年末数(元)
①应收账款明细分类账户借方余额	84000	96000
应收账款明细分类账户贷方余额	6600	7800
②应付账款明细分类账户借方余额	5500	6900
应付账款明细分类账户贷方余额	68000	72000
③长期借款账户中一年内到期借款	20000	30000

要求:根据上述资料编制资产负债表。

2. 练习利润表的编制。

明达公司 2007 年 11 月份有关科目发生额如下表：

单位：元

科目名称	借方	贷方
主营业务收入		18000
主营业务成本	6500	
销售费用	1200	
营业税金及附加	3000	
管理费用	1200	
财务费用	800	
投资收益		1200
营业外收入		1000
营业外支出	1500	
所得税费用	1980	

要求：根据资料编制利润表(只填列本月数)。

七、案例分析题

浙江 JH 新技术有限公司成立于 1998 年 3 月，地点为浙江省一地级市。该公司注册资本 200 万元，主要经营计算机、办公自动化设备、通讯接收设备、安全防范报警系统、监控系统等。该公司 2007 年 6 月 30 日的资产负债表及 2007 年 6 月份的利润表如下。

资产负债表

编表单位:浙江 JH 新技术有限公司　　2007 年 6 月 30 日　　单位:元

资产	年初数	年末数	负债和所有者权益	年初数	年末数
流动资产:			流动负债:		
货币资金	81946.15	61648.30	短期借款	9200000.00	9600000.00
应收账款	2051648.84	2142553.62	应付账款	1678545.07	3881662.12
			预收账款	315836.36	56345.77
预付账款	5093895.54	8995885.54	其他应付款	2706091.02	6825357.51
其他应收款	1772232.57	4405275.61	应付职工薪酬	8360.63	66650.63
存货	1117021.89	199479.50	应交税费	347148.20	296825.35
其他流动资产	2881272.79	2198389.84	其他流动负债	60000.00	120000.00
流动资产合计	12998017.80	18003232.40	流动负债合计	14315981.28	20858132.16
非流动资产:			所有者权益:		
长期股权投资	3125000.00	3125000.00	实收资本	2000000.00	2000000.00
固定资产	2707635.60	2645442.72	资本公积	8398495.97	8745644.17
在建工程	4164741.81	4193830.53	未分配利润	－1621474.92	－1044332.26
无形资产		175000.00	所有者权益合计	8777021.05	9701311.91
长期待摊费用		2416938.42	负债和所有者权益总计	23093002.33	30559444.07
非流动资产合计	10094984.53	12556211.67			
资产总计	23093002.33	30559444.07			

利润表

2007 年 6 月 30 日

编表单位:浙江 JH 新技术有限公司　　　　单位:元

项　　目	本月金额	本年累计
一、营业收入	545568.76	4672778.91
减:营业成本	556573.75	3729658.52
营业税金及附加	3037.15	31585.60
销售费用	81812.66	410177.77
管理费用	32070.60	457184.82
财务费用	12116.69	707979.92
加:投资净收益(损失以"—"号填列)		
二、营业利润(亏损以"—"号填列)	—246330.27	—568287.84
加:营业外收入		
减:营业外支出		15.00
三、利润总额(亏损总额以"—"号填列)	—246330.27	—568302.84
减:所得税	—	—
四、净利润(净亏损以"—"号填列)	—246330.27	—568302.84

会计报表注释:

1. 主要会计政策

(1)会计制度:企业会计制度。

(2)记账原则:权责发生制。

(3)存货。

①原材料、库存商品:按实际成本计价,发出采用加权平均成本计价。

②产成品按照定额成本计算。

(4)固定资产折旧采用直线法。

(5)存货盘存采用永续盘存制。

2. 主要会计科目注释(人民币)

(1)应收账款 2142553.62 元，其中 10 万元以上的有 4 户：

①YK 市公安局 475503.00

②DH 公安局 112644.50

③YK 邮电局 120706.10

④光大金融产业发展公司 622952.00

账龄在 1 年以内的有 44 户，合计金额 1514669.62 元；账龄在 1—2 年的有 3 户，合计金额为 627881.00 元。

(2)预付账款

10 万元以上的有 4 户，合计 8967515.54 元：

①深圳迅驰公司 4464452.11

②深圳 YH 公司 2300000.00

③包头 GT 公司 2100000.00

④河北 YS 工业集团 103063.43

预付账款均在 2 年内。

(3)其他应收款

其中 10 万元以上有 3 户，合计金额 3757643.61 元：

①L. P. 张 2473143.61

②YK 经济贸易公司 990000.00

③垫付利息款 294500.00

账龄在 2—3 年的有 1 户，计 300 元；1—2 年的有 5 户，计 3196400.00；1 年以内的有 43 户，计 1208575.61 元。

(4)存货

①原材料 166698.07

②低值易耗品 5796.12

③在产品 12384.11

④产成品 1571502.87

⑤存货 459753.06

(5)长期投资

深圳 HGOK 公司 3125000.00

(6)在建工程

①华冠房产	200088.72
②青春小区	310000.00
③馨园小区 22 号	430000.00
④三元工贸房产	145000.00
⑤JH 商厦	3103741.81

(7)长期待摊费用

①开办费	93885.50
②装潢费	89380.12
③利息	2233672.80

(8)短期借款

①JH 市城市信用社	2000000.00
②农行市支行房信部	2000000.00
③农行×州支行	5600000.00

(9)应付账款

10 万元以上的有 5 户,合计金额 3072108.77 元:

①PA 邮电局	250000.00
②JH 市文化用品服务部	2400999.77
③JH 音像商店	106109.00
④SH 电器股份有限公司	140000.00
⑤深圳 FBL 公司	175000.00

(10)其他应付款

10 万元以上的有 3 户,合计金额 6500000.00 元:

①通用租赁公司	4600000.00
②经信实业公司	1800000.00
③北京公司	100000.00

(11)实收资本

①市区文化用品服务部	1000000.00
②上级主管部门	1000000.00

(12)资本公积 8745644017.00 元，为 JH 市 WC 区文化用品服务部追加投资，因未验资，暂作资本公积。

要求：根据资料提出上述财务报表中可能存在错误的地方。

第十章参考答案

一、填空题

1. 财务报表　2. 累计折旧　3. 资产负债表　4. 期末余额　5. 资产负债表　利润表　现金流量表　所有者权益变动表　附注　6. 利润表

二、判断改错题

1. ×　2. ×　3. √　4. ×　5. ×　6. √　7. √　8. √　9. ×　10. √　11. ×　12. √

三、单项选择题

1. D　2. D　3. A　4. B　5. C　6. A　7. D　8. D　9. C　10. B　11. D　12. A　13. C　14. D　15. D

四、多项选择题

1. ABCEF　2. AC　3. ABCD　4. AE　5. ABE　6. BCDE　7. ACE　8. AB　9. BCDE　10. ABCDE　11. BCDE

五、计算分析题

1.(1)存货＝210000＋185000＋38000＋15000＝448000(元)

(2)未分配利润＝850000－510000＝340000(元)

2.(1)“应收账款”项目＝21000＋17000＋16000＝54000(元)

(2)“应付账款”项目＝42000(元)

(3)“预收账款”项目＝24000＋35000＋25000＝84000(元)

(4)“预付账款”账目＝31000(元)

3.营业利润＝3750－1375－425－500－250－250＋500

＝1450(万元)

(1)利润总额＝1450＋250－200＝1500(万元)

(2)净利润＝1500－600＝900(万元)

六、业务题

1.

资产负债表

编制单位:广兴公司　　2007 年 12 月 31 日　　单位:元

资　产	期末余额	年初余额	负债和所有者权益	期末余额	年初余额
流动资产:	99200	79000	流动负债:		
货币资金			短期借款	128000	125000
交易性金融资产			交易性金融负债		
应收票据	10800	9600	应付票据		
应收账款	96000	84000	应付账款	72000	68000
预付账款	10100	8200	预收账款	10700	9100
应收利息			应付职工薪酬	7572	6323
应收股利			应交税费	9078	8427
其他应收款	5800	5050	应付利息	6200	5640
存货	286800	280650	应付股利	21100	19810
一年内到期的非流动资产			其他应付款	3600	3200

续表

资　　产	期末余额	年初余额	负债和所有者权益	期末余额	年初余额
其他流动资产			一年内到期的非流动负债	30000	20000
流动资产合计	508700	466500	其他流动负债		
非流动资产：			流动负债合计	288250	265500
可供出售金融资产			非流动负债：		
持有至到期投资			长期借款	210000	200000
长期应收款			应付债券		
长期股权投资			长期应付款		
投资性房地产			专项应付款		
固定资产	409000	392000	预计负债		
在建工程			递延所得税负债		
工程物资			其他非流动负债		
固定资产清理			非流动负债合计		
生产性生物资产			负债合计	498250	465500
油气资产			所有者权益：		
无形资产	27000	30000	实收资本(股本)	395000	395000
开发支出			资本公积	2000	2000
商誉			减：库存股盈余公积	36790	18030
长期待摊费用			未分配利润略	12660	7970
递延所得税资产					
非流动资产合计	436000	422000			
资产总计	944700	888500	负债和所有者权益总计	944700	888500

2. **利润表**

编制单位:明达公司　　2007 年 11 月　　单位:元

项　　目	本月金额	上月金额
一、营业收入	18000	
减:营业成本	6500	
营业税金及附加	3000	
销售费用	1200	
管理费用	1200	
财务费用	800	
加:投资净收益(损失以"一"号填列)	1200	
二、营业利润(亏损以"一"号填列)	6500	
加:营业外收入	1000	
减:营业外支出	1500	
三、利润总额(亏损总额以"一"号填列)	6000	
减:所得税	1980	
四、净利润(净亏损以"一"号填列)	4020	

七、案例分析题

上述财务报表至少存在以下错误:

1. 利润表上的时间不对。

2. 资产负债表与利润表之间应存在如下关系:当企业当年没有进行分配的情况下,资产负债表上"未分配利润"的期末数与期初数之差应等于利润表上的净利润。上述报表这两者之间的关系不相等。

3. 资产负债表中的"资本公积"将未验资部分列入不对。

第十一章　财务报表分析

一、填空题

1. 财务报表分析的基本方法主要有＿＿＿＿＿＿、＿＿＿＿＿＿、＿＿＿＿＿＿等三种。

2. 反映企业成长性的财务比率主要有＿＿＿＿＿＿、＿＿＿＿＿＿、＿＿＿＿＿＿、＿＿＿＿＿＿等。

3. 速动比率＝＿＿＿＿＿÷＿＿＿＿＿

4. 资本保值增长率＝＿＿＿＿＿＿＿＿＿＿＿＿÷＿＿＿＿＿＿

5. 净资产收益率＝＿＿＿＿＿＿×＿＿＿＿＿＿÷＿＿＿＿＿＿

二、判断改错题

1.（　　）债权人很重视偿债能力的分析，因为通过分析长短期偿债能力，可以判断企业盈利能力的高低。

2.（　　）资产运用的有效性可以用它所创造的收入来衡量。

3.（　　）当销售净利率一定时，资产净利率的高低直接取决于资产周转率的快慢。

4.（　　）流动比率、速动比率和现金比率这三个指标的相同之处是分子都相同。

5.(　　)企业营运资金余额越大,说明企业风险越小,收益率越高。

6.(　　)某公司今年与上年相比,净利润增长8%,平均资产增加7%,平均负债增加9%。可以判断,该公司净资产收益率比上年下降了。

7.(　　)当发现企业的固定资产的平均寿命延长时,通常表示该公司的固定资产偿债质量上升。

8.(　　)财务报表分析的方法最主要的是因素分解法。

9.(　　)市盈率指标对投资者进行投资决策的指导意义是建立在不健全的金融市场前提下,如果金融市场健全了,市盈率指标就不准了。

10.(　　)企业的速动资产一般指的是不包括存货的流动资产。

11.(　　)资产负债率是负债总额与资产总额的比,其中资产总额应为扣除累计折旧后的净额,负债总额是扣除需偿还的负债后的净额。

12.(　　)流动比率和速动比率之差等于现金比率。

13.(　　)企业要具有较强的立即偿还债务的能力,其现金比率不能小于1。

14.（　　）企业的不同利益关系人对资产负债率的要求不一样，在企业正常经营的情况下，债权人希望它越低越好，股东则希望它越高越好，经营者对它的要求比较客观。

15.（　　）产权比率高是低风险、低报酬的财务结构，表明债权人的利益因股东提供的资本所占比重较大而具有充分保障。

三、单项选择题

1. 能增强短期偿债能力的措施有（　　）。

A. 以银行存款购买材料　B. 接受投资者的材料投资

C. 加速货款的回收　D. 产品完工入库

2. 某公司2007年净利润为140万元，所得税为60万元，利息费用为20万元，资产平均余额为2000万元，总资产报酬率为（　　）。

A. 7%　B. 8%

C. 10%　D. 11%

3. 短期偿债能力的强弱往往表现为（　　）。

A. 盈利的多少　B. 资产的多少

C. 资产变现能力的强弱　D. 负债总额的多少

4. 财务报表分析中最常用的一种基本方法是（　　）。

A. 因素分析法　B. 比较分析法

C. 比率分析法　D. 差额分析法

5. 下列指标中比率越低，说明偿债能力越强的是（　　）。

A. 营运资金与长期负债之比

B. 利息保障倍数

C. 资产负债率　D. 流动比率

6. 作为杜邦分析系统的核心，且综合性最强的财务分析指标是(　　)。

A. 销售净利率　　B. 总资产周转率

C. 权益乘数　　D. 净资产收益率

7. 权益乘数越大,企业的负债程度(　　)。

A. 越低　　B. 越高

C. 不确定　　D. 不变

8. 某企业2007年销售收入净额为250万元,年末流动资产90万元,年初流动资产110万元,则该企业流动资产周转率为(　　)。

A. 2次　　B. 2.22次

C. 2.5次　　D. 2.78次

9. 实际发生坏账,用坏账准备金冲销债权时(　　)。

A. 流动比率下降　　B. 速动比率不变

C. 现金比率下降　　D. 营运资金减少

10. 某企业期末货币资产为160万元,期末流动负债为240万元,期末流动资产为320万元,则该企业现金比率为(　　)。

A. 50%　　B. 66.67%

C. 133.33%　　D. 200%

11. 甲公司去年的销售净利率为5%,资产周转率为2.4次;今年的销售净利率为5.4%,资产周转率为2.2次,资产负债率没有发生变化,则今年的净资产收益率比去年(　　)。

A. 升高　　B. 降低

C. 相等　　D. 无法确定

12. 如果资产负债率为60%,则产权比率为(　　)。

A. 160%　　B. 150%

C. 140%　　D. 66.67%

13. 如果产权比率为1.2,则权益乘数为(　　)。

A. 0.6　　B. 1.2

C. 2.2　　D. 无法计算

14. 销售毛利率=1-(　　)。

A. 变动成本率　　　　B. 销售成本率

C. 成本费用率　　　　D. 销售利润率

15. 资产变换为现金的速度，称为资产的(　　)。

A. 收益性　　　　B. 安全性

C. 流动性　　　　D. 变化性

四、多项选择题

1. 财务报表分析过程中资料核实应做到(　　)。

A. 全面审阅财务报告和财务报表

B. 认真审阅注册会计师的审计报告

C. 特别关注审计报告中的审计结论

D. 对所有其他资料都应充分利用

2. 分析应收账款规模时应考虑的因素包括(　　)。

A. 企业的行业特点　　　　B. 坏账损失的风险

C. 存货销售情况　　　　D. 应收账款的信用政策

3. 流动比率有局限性的原因是(　　)。

A. 流动资产中存货有可能积压

B. 应收账款有可能出现呆账

C. 短期证券投资不易变现

D. 所运用的都是时点指标

4. 决定净资产收益率高低的主要因素有(　　)。

A. 销售净利率　　　　B. 资产周转率

C. 权益乘数　　　　D. 资产负债率

5. 反映所有者对债权人利益保护程度的指标有(　　)。

A. 资产负债率　　　　B. 产权比率

C. 净资产报酬率　　　　D. 有形净值债务率

E. 权益乘数

6. 关于净资产收益率的正确说法有(　　)。

A. 净资产收益率指标集中体现了资金运动速度和资金利用效

率的关系

B. 企业的资产总额越高，利润越大，净资产收益率就越高

C. 净资产收益率综合反映了企业经营管理水平的高低

D. 净资产收益率等于销售净利率乘以总资产周转率

7. 下列项目中，影响成本费用利润率的有(　　)。

A. 营业利润　　B. 销售成本

C. 销售费用　　D. 管理费用

E. 财务费用

8. 流动比率大于2，有可能说明(　　)。

A. 流动负债有较多的流动资产作保障

B. 企业有足够的现金来还债

C. 任何行业企业该比率都不能低于2

D. 分子分母等量增减则同比例增减

E. 流动比率过高，说明企业在资金使用上不尽合理

9. 下列计算公式正确的有(　　)。

A. 流动资产利润率＝销售利润率×流动资产周转率

B. 流动资产周转率＝商品销售收入÷流动资产平均占用额

C. 流动资产周转率＋固定资产周转率＝1

D. 存货周转率(天数)＝计算期天数÷存货周转率(次数)

10. 下列(　　)影响企业的偿债能力。

A. 资产的流动性　　B. 获利能力

C. 资金周转速度　　D. 企业经营现金流量水平

11. 流动比率为0.8，赊销一批货物，售价高于成本，其结果导致(　　)。

A. 流动比率提高　　B. 速动比率提高

C. 流动比率不变　　D. 流动比率降低

12. 已知甲公司2007年末负债总额为800万元，资产总额为2000万元，无形资产净值为150万元，2007年利息费用为120万元，净利润为500万元，所得税为180万元。则(　　)。

A. 2007年末权益乘数为2.5

B. 2007年末产权比率为2/3

C. 2007年末有形净值债务率为76.19%

D. 2007年利息保障倍数为6.67

13. 下列各项中,不会导致企业资产负债率变化的是(　　)。

A. 收回应收账款

B. 用现金购买债券

C. 接受所有者投资转入的固定资产

D. 以固定资产对外投资(按账面价值作价)

14. 在企业速动比率小于1时,会引起该指标上升的经济业务是(　　)。

A. 借入短期借款　　　　B. 赊销了一批产品

C. 支付应付账款　　　　D. 收回应收账款

15. 以低于账面价值的价格出售固定资产,将会(　　)。

A. 对流动资产的影响大于对速动资产的影响

B. 增加营运资金

C. 减少当期损益

D. 降低资产负债率

五、计算分析题

1. 某公司2008年销售成本100万元,年末流动负债60万元,流动比率为2.0,速动比率为1.2,年初存货为52万元。请计算该公司2008年度存货周转次数。

2. 某公司部分财务数据如下:

流动负债150000元　流动比率为3　　　速动比率为2

长期负债 200000 元　销售收入 1500000 元

净利润 300000 元　　净资产收益率 20%

要求:计算以下指标。

(1)存货。　　　　　　(2)流动资产。

(3)所有者权益。　　　(4)资产。

(5)资产负债率。

3. 某公司 2004 年初流通在外的普通股股份为 30 万股。4 月 1 日回购普通股 1 万股,7 月 1 日以股票股利方式发行 1 万股,11 月 1 日增发新股 6 万股。公司当年实现净利润 24 万元。公司当年发放的股利总额为 15 万元,其中优先股股利 6 万元。

要求:(1)计算该公司发行在外普通股加权平均数。

(2)计算该公司基本每股收益。

4. 某公司拥有 100 万元的流动资产以及 50 万元的流动负债。下列每一笔交易对公司的流动比率有哪些影响?请分别计算出结果并同时说明理由。

(1)用 10 万元现金购买了一台机器。

(2)用 5 万元现金购买了未到期不能随时出售的债券。

(3)应收账款增加 10 万元,为避免因此带来的现金短缺,公司借入银行短期借款 10 万元。

(4)增发 20 万元的普通股,所募资金用于扩建生产线。工程合同规定当即付 15 万元，余款暂欠，年底结清。

(5)公司以赊购增加了应付账款 8 万元，用暂时节约下来的这笔款项支付已宣派尚未发放的现金股利。

(6)公司为某企业提供了 10 万元的借款担保。

六、案例分析题

经过简化的 ABC 公司 2007 年度的资产负债表和利润表如下：

表 11-1　　ABC 公司资产负债表

2007 年 12 月 31 日　　单位：万元

项　目	年初数	年末数	项　目	年初数	年末数
流动资产合计	264	295	流动负债合计	120	118
应收账款	100	109	长期负债合计	90	140
其他流动资产	54	61	负债合计	210	258
存货	110	125	股东权益合计	230	332
长期资产合计	176	295			
资产总计	440	590	负债及股东权益总计	440	590

说明：本年增加的利率为 8% 的长期负债 50 万元全部用于正在建设中的厂

房。

表 11-2 **ABC 公司利润表**

2007 年度 单位:万元

项　　目	本年金额
一、营业收入(现销 60%)	2360
减:营业成本	1652
营业税金及附加	236
销售费用	64
管理费用	297
财务费用(利息费用)	10
资产减值损失	0
加:公允价值变动收益	0
投资收益	7
二、营业利润	
加:营业外收入	2
减:营业外支出	10
三、利润总额	
减:所得税费用	33
四、净利润	

该公司 2006 年、2007 年的有关财务指标如表 11-3 所示。

表 11-3

指　标	2006 年	2007 年
流动比率		
速动比率		
营运资金(万元)		
资产负债率		
已获利息倍数	8	
平均收现期(天)	45	
存货周转次数	15	
流动资产周转次数	7.20	
总资产周转次数	4.42	
毛利率	33.30%	
销售净利率	3.10%	
资产净利率		
权益乘数	1.60	
净资产收益率		

要求:(1)计算完成表 11-2 和表 11-3(保留两位小数);

(2)分析公司的变现能力、长期偿债能力、资产运营能力和盈利能力,并指出公司可能存在的问题。

第十一章参考答案

一、填空题

1. 比较分析法　因素分析法　趋势分析法　2. 总资产增长率　营业收入增长率　利润增长率　资本保值增长率　3. 速动资产　流动负债　4. 扣除客观因素后的期末所有者权益　期初所有者权益　5. 销售净利率　总资产周转率　权益乘数

二、判断改错题

1. ×　2. √　3. √　4. ×　5. ×　6. ×　7. ×　8. ×　9. ×　10. √　11. ×　12. ×　13. ×　14. √　15. ×

三、单项选择题

1. B　2. D　3. C　4. C　5. C　6. D　7. A　8. C　9. B　10. B　11. B　12. B　13. C　14. B　15. C

四、多项选择题

1. ABC　2. ABD　3. ABCD　4. ABCD　5. ABDE　6. AC　7. ABCDE　8. AB　9. ABD　10. ABCD　11. AB　12. BCD　13. ABD　14. AB　15. BCD

五、计算分析题

1. 流动比率－速动比率＝存货÷流动负债

   存货＝60×(2－1.2)＝48(万元)

   存货周转次数＝100÷(48＋52)/2＝2(次)

2. (1)存货＝150000(元)

   (2)流动资产＝3×150000＝450000(元)

   (3)所有者权益＝300000÷20％＝1500000(元)

   (4)资产＝150000＋200000＋1500000＝1950000(元)

   (5)资产负债率＝(150000＋200000)÷1950000

   ＝17.95％

3. (1)发行在外普通股

   加权平均数＝30－1×9÷12＋1×6÷12＋6×2÷12

   ＝30－0.75＋0.5＋1＝30.75(万股)

   (2)基本每股收益＝(24－6)÷30.75≈0.585(元/股)

4. 目前的流动比率为＝100÷50＝2

   (1)流动比率 90÷50＝1.8,流动资产减少,流动负债没有变化。

   (2)流动比率为 95÷50＝1.9,流动资产减少,不能随时变现的短期投资不应作为流动资产,应扣除。流动负债没有变化。

   (3)流动比率为 120÷60＝2,流动资产和流动负债均增加了。

   (4)流动比率为 105÷55＝1.91,流动资产增加,固定资产分期付款额属于需要偿还的债务,使流动负债增加。

   (5)流动比率为 100÷50＝2,流动资产和流动负债均没有变化。

   (6)流动比率为 100÷60＝1.67,流动资产没有变化,提供借款担保产生或有负债增加流动负债。

六、案例分析题

1. 利润总额＝2360－1652－236－64－297－10＋7－8

＝100(万元)

净利润＝100－33＝67(万元)

相关指标计算结果如表 11-4 所示。

表 11-4

指　标	2006 年	2007 年
流动比率	2.20	2.50
速动比率	1.28	1.44
营运资金(万元)	144	147
资产负债率	47.73%	43.73%
已获利息倍数	8	8.14
平均收现期(天)	45	39.85
存货周转次数	15	14.06
流动资产周转次数	7.20	8.44
总资产周转次数	4.42	4.58
毛利率	33.30%	30%
销售净利率	3.10%	2.84%
资产净利率	13.70%	13.01%
权益乘数	1.6	1.83
净资产收益率	21.92%	23.81%

2. (1)分析公司的变现能力：从流动比率、速动比率和营运资金考察，2007 年末的水平均高于年初水平，说明通过 2007 年度的经营，公司变现能力和短期偿债能力有所提高，原因在于流动负债减少，流动资产增加，应进一步查明是否由于流动资产周转不灵等不利因素所致。分析长期偿债能力，资产负债率年末水平低于年初，均低于 50%，说明公司负债不足资产的一半。连续两年的已获利息倍数均在 8 以上，即公司息税前利润是应付利息的 8 倍多，故公司具有较好的长期偿债能力。

(2)分析资产管理效率：平均收现期比上年平均缩短5天多，流动资产和总资产周转均有所加快，但存货周转次数下降一次，应进一步分析其原因，是销售成本相对节约还是存货占用相对增多。

(3)分析盈利能力：公司销售毛利率、销售毛利率和资产净利率在2007年度均有所下降，而净资产收益率却被提高，可进一步分析如下：

净资产收益率＝销售净利率×总资产周转次数×权益乘数

2007年净资产收益率＝2.84％×4.58×1.83＝23.81％

2006年净资产收益率＝3.10％×4.42×1.60＝21.92％

可见，净资产收益率提高的原因关键在于权益乘数和总资产周转次数的提高。其中，权益乘数增大表明负债增多，财务风险加大；总资产周转次数提高说明公司资产使用效率提高，负债增多的杠杆作用和总资产周转次数提高所带来的收益足以抵补销售净利率下降造成的损失。销售净利率的变动一般来讲与售价、成本、费用有关，结合公司销售毛利率变动（由2006年的33.30％下降到30％），可以看出售价和成本是造成公司销售净利率下降的主要原因，应对它们进一步调查分析。

《会计学》模拟试卷(一)

一、填空题(每空 1 分,共 5 分)

1. 谨慎性原则要求企业________________。

2. 在借贷记账法下,权益类账户的余额与发生额之间的关系,可用这样的等式表示:权益类账户的期末余额=________________________。

3. 盈余公积是企业按规定从________中提取的有特定用途的积累资金。

4. 增值税一般纳税人企业的当期应纳增值税额=________________。

5. ________是指销货企业为了鼓励客户在一定期限内早日付清货款而给予客户的一种优惠。

二、单项选择题(每题 1 分,共 10 分)

1. 企业计提固定资产折旧是以(　　)假设为前提的。

A. 会计主体　　B. 持续经营

C. 会计分期　　D. 货币计量

2. 下列各项中,使企业银行存款日记账余额小于银行对账单余额的是(　　)。

A. 企业送存银行的转账支票,银行尚未入账

B. 企业开出支票,持票人尚未到银行兑现

C. 银行借款利息银行已入账,企业尚未收到通知

D. 银行代扣水电费,企业尚未接到通知

3. 能使外购材料的期末存货成本接近市价的存货计价方法是(　　)。

A. 先进先出法　　B. 后进先出法

C. 加权平均法　　D. 移动加权平均法

4. 某企业资产总额为100万元,当发生下列经济业务后:(1)向银行借款10万元存入银行;(2)用银行存款偿还应付账款5万元;(3)收回应收款2万元存入银行,其资产总额为(　　)。

A. 107万元　　B. 105万元

C. 117万元　　D. 112万元

5. 有限责任公司在增资扩股时,新的投资者缴纳的出资额大于其在注册资本中的所占份额的那部分数额应记入(　　)账户。

A. 实收资本　　B. 股本

C. 资本公积　　D. 盈余公积

6. 某企业盘亏机器一台,原值76000元,预计使用年限8年,预计残值4000元,已使用5年。经批准后作为营业外支出处理,其金额为(　　)元。

A. 31000　　B. 28500

C. 27000　　D. 4000

7. 某企业2010年12月31日"应收账款"账户为借方余额2000000元,计提坏账准备前"坏账准备"账户为贷方余额40000元,坏账准备提取率为1.5%,则年末计提坏账准备时,应(　　)。

A. 借记"坏账准备"70000元　　B. 贷记"坏账准备"70000元

C. 借记"坏账准备"10000元　　D. 贷记"坏账准备"10000元

8. 2009年初某企业购入B公司发行股票1200000股(占总股份的30%),每股10元。2009年末B公司实现净利润2400000元。2010年5月该企业收到B公司发放的现金股利300000元。试问,采用权益法核算,该企业在收到股利后该项投资的账面价值为(　　)。

A. 11700000 元　　B. 12000000 元

C. 12420000 元　　D. 14100000 元

9. 因计量收发差错造成的存货短缺，经批准后其净损失应计入的账户是（　　）。

A. “制造费用”　　B. “营业外支出”

C. “销售费用”　　D. “管理费用”

10. “应付账款”账户的所属明细账户如果出现借方余额，在编制资产负债表时应填入的项目是（　　）。

A. 应收账款　　B. 预收账款

C. 应付账款　　D. 预付账款

三、多项选择题（下列各题有两个或两个以上符合题意的正确答案，请将正确的答案填入括号内，本题共 10 分，每题 2 分，错选、少选、多选均不得分）

1. 下列业务中，会影响资产负债表上所有者权益金额大小的有（　　）。

A. 计提盈余公积　　B. 盈余公积转增资本

C. 企业发生亏损　　D. 接受投资者的投资

E. 偿还应付账款

2. 计提固定资产折旧应考虑的因素有（　　）。

A. 固定资产原值　　B. 估计使用年限

C. 清理费用　　D. 固定资产残值

E. 固定资产现值

3. 下列生产费用中，应直接计入“生产成本”科目的有（　　）。

A. 车间管理部门领用的原材料

B. 生产工人的工资

C. 生产车间水电费

D. 生产产品耗用的原材料

E. 机器设备的折旧费

4. 企业销售商品缴纳的下列各项税费，计入“营业税金及附加”科目的有（　　）。

A. 消费税　　B. 增值税

C. 教育费附加　　D. 城市维护建设税

E. 印花税

5. 下列资产负债表项目中，应根据若干总分类账户期末余额计算填列的有（　　）。

A. 货币资金　　B. 应收账款

C. 存货　　D. 资本公积

E. 预收账款

四、判断改错题（在每小题后面的括号内填入判断结果，正确的打√；错误的打×，说明原因并加以改正，每题2分，共10分）

1.（　　）企业在对会计要素进行计量时，一般应当采用公允价值计量。

2.（　　）一般而言，费用类账户结构与权益类账户结构相同，收入类账户结构与资产类账户结构相同。

3.（　　）永续盘存制下，可以通过存货明细账的记录随时计算结转存货的结存数量，不需要对存货进行盘点。

4.（　　）企业在开出的商业承兑汇票到期无力支付时，应当将应付票据所涉金额转为应付账款。

5.（　　）企业对外出租的固定资产，因为未被本企业使用，所以本企业不计提折旧。

五、会计分录题(共40分)

1. 通达公司发生下列经济业务,编制相关会计分录。(20分)

(1)收到股东投入的一台设备,双方协商确认价值800000元。

(2)以银行存款向大华公司预付购买材料的订金10000元。

(3)采购员王军出差,借支差旅费9000元,用现金支付。

(4)计提固定资产折旧,其中,生产车间使用的固定资产折旧为6400元,行政管理部门使用的固定资产折旧为2800元。

(5)收到银行转来的银行汇票存款余额3200元。

(6)公司办公室以现金购买办公用品1000元。

(7)结转本期完工入库产品的成本 268000 元。

(8)计提本月短期借款利息 5800 元。

(9)王军出差回来,报销差旅费 8180 元,余款交回。

(10)应收长河公司的货款 17000 元,经确认收回的可能性不大,作为坏账处理。

2. 景阳公司为一般纳税人企业,本月购入原材料一批,增值税发票上注明的材料价款为 500000 元,增值税额为 85000 元,款项已付,材料已验收入库。本月销售产品一批,含税价款 936000,货已发出,货款尚未收到,该批产品的成本为 480000 元。

要求:作出下列业务的会计分录。(10 分)

(1)购买材料。

(2)产品销售。

(3)结转销售成本。

(4)计算本月应缴纳的增值税额,并用银行存款缴纳。

3. 2010 年 3 月至 5 月,甲上市公司发生的交易性金融资产业务如下,编制甲上市公司该类业务的会计公录。(会计科目要求写出明细科目,答案中的金额单位用万元表示)(10 分)

(1)3 月 2 日,购入 A 上市公司股票 100 万股,每股 8 元,另发生相关的交易费用 2 万元,并将该股票划分为交易性金融资产。

(2)3 月 31 日,该股票在证券交易所的收盘价格为每股 7.70 元。

(3)4 月 30 日,该股票在证券交易所的收盘价格为每股 8.10 元。

(4)5 月 10 日,将所持有的该股票全部出售,所得价款 825 万元,已存入银行。假定不考虑相关税费。

六、计算分析题(共 15 分)

1. 某企业 2010 年 5 月销售商品一批,价款为 20000 元,增值税为 3400 元,收到购货方开来的不带息商业承兑汇票一张,票据票面金额为 23400 元,期限为 5 个月。该企业在 2 个月后将票据向银行贴现,贴现率为 8%。

要求:(1)编制取得票据时的会计分录。(2 分)

(2)计算贴现息和贴现净额,要求列出计算过程。(2 分)

(3)编制贴现的会计分录。(2 分)

2. 新光公司 2009 年 12 月 31 日各损益类账户结转"本年利润"账户前的余额如下:(本大题共 9 分)

主营业务收入	1300000 元(贷)	销售费用	18000 元(借)
其他业务收入	20000 元(贷)	财务费用	12000 元(借)
投资收益	16000 元(贷)	管理费用	30000 元(借)
营业外收入	7640 元(贷)	资产减值损失	6000 元(借)
主营业务成本	1000000 元(借)	其他业务成本	17000 元(借)
营业税金及附加	15000 元(借)	营业外支出	5640 元(借)

要求:(1)编制12月份损益类账户结转“本年利润”账户的会计分录。

(2)计算该公司12月份实现的利润总额;假定不涉及纳税调整事项,编制12月份计提所得税的会计分录(注:企业所得税率为25%)。

(3)假定公司1—11月的净利润为132万元,计算该公司2009年度全年实现的净利润。

(4)2009年年初公司未分配利润为2800000元,本年度提取法定盈余公积10%,任意盈余公积20%,向股东分配利润600000元,计算2009年提取法定盈余公积、任意盈余公积以及年末未分配利润的金额。

七、会计应用题(10 分)

某企业 6 月份发生材料收发业务如下：

6 月初结存甲材料 500 公斤,单价 1.10 元；

2 日,购入材料 400 公斤,单价 1.15 元；

5 日,领用 700 公斤；

7 日,购入 400 公斤,单价 1.25 元；

13 日,购入 200 公斤,单价 1.40 元；

16 日,领用 600 公斤；

19 日,购入 300 公斤,单价 1.50 元；

23 日,购入 600 公斤,单价 1.55 元；

25 日,领用 500 公斤；

30 日,购入 100 公斤,单价 1.60 元。

要求：

1、采用先进先出法计算仓库发出的甲材料的成本及月末结存材料成本,并登记到材料明细账中。

材料名称:甲　　　　　　　　　　　　　　　　　　　　单位:公斤

××年		凭证编号	摘要	收入			发出			结存		
月	日			数量	单价	金额	数量	单价	金额	数量	单价	金额
6	1	××	月初余额									
	2	××	购入									
	5		领用									
	7		购入									
	13		购入									
	16		领用									
	19		购入									

续表

××年		凭证编号	摘要	收入			发出			结存		
月	日			数量	单价	金额	数量	单价	金额	数量	单价	金额
	23		购入									
	25		领用									
	30		购入									
			合计									

2. 假定本月领用的甲材料全部用于产品生产，编制本月耗用甲材料的会计分录。

3. 假定月末对甲材料进行实地盘点，实存数量为680公斤。经调查，该差异是由于材料在收发过程中造成的，属正常损耗。作出相关的会计分录。

4. 分析由于物价的变化，对本月的利润将会产生什么影响？

《会计学》模拟试卷(一)参考答案

一、填空题(每空 1 分,共 5 分)

1. 不得高估资产或收益,不得低估负债或费用　2. 期初贷方余额＋本期贷方发生额－本期借方发生额　3. 净利润　4. 当期销项税额－当期进项税额　5. 现金折扣

二、单项选择题(每题 1 分,共 10 分)

1. B　2. B　3. A　4. B　5. C　6. A　7. C　8. C　9. D　10. D

三、多项选择题(每题 2 分,共 10 分)

1. CD　2. ABCD　3. BD　4. ACD　5. AC

四、判断改错题(每题 2 分,共 10 分)

1. ×　2. ×　3. ×　4. √　5. ×

五、会计分录题(共 40 分)

1. 通达公司的会计分录如下:(共 20 分)

(1)借:固定资产　　800000

　　贷:实收资本　　800000

(2)借:预付账款——大华公司　　10000

贷:银行存款　　10000

(3)借:其他应收款——王军　　9000

贷:库存现金　　9000

(4)借:制造费用　　6400

管理费用　　2800

贷:累计折旧　　9200

(5)借:银行存款　　3200

贷:其他货币资金——银行汇票存款　　3200

(6)借:管理费用　　1000

贷:库存现金　　1000

(7)借:库存商品　　268000

贷:生产成本　　268000

(8)借:财务费用　　5800

贷:应付利息　　5800

(9)借:管理费用　　8180

库存现金　　820

贷:其他应收款　　9000

(10)借:坏账准备　　17000

贷:应收账款　　17000

2. 景阳公司的会计分录如下:(共10分)

(1)借:原材料　　500000

应交税费——应交增值税(进项税额)　　85000

贷:银行存款　　585000

(2)借:应收账款　　936000

贷:主营业务收入　　800000

应交税费——应交增值税(销项税额)　　136000

(3)借:主营业务成本　　480000

贷:库存商品　　480000

(4)本月应纳增值税额＝136000－85000＝51000(元)

借：应交税费——应交增值税（已交税金） 51000

贷：银行存款 51000

3. 甲公司的会计分录如下：（10 分）

(1)借：交易性金融资产——成本 800

投资收益 2

贷：银行存款 802

(2)借：公允价值变动损益 30(8×100－7.7×100)

贷：交易性金融资产——公允价值变动 30

(3)借：交易性金融资产——公允价值变动

40(8.1×100－7.7×100)

贷：公允价值变动损益 40

(4)借：银行存款 825

贷：交易性金融资产——成本 800

——公允价值变动 10

投资收益 15

借：公允价值变动损益 10

贷：投资收益 10

六、计算分析题（15 分）

1. （6 分）

(1)取得票据时：

借：应收票据 23400

贷：主营业务收入 20000

应交税费——应交增值税（销项税额） 3400

(2)贴现息＝23400×8%×3÷12＝468（元）

贴现净额＝23400－468＝22932（元）

(3)借：银行存款 22932

财务费用 468

贷：应收票据 23400

2. （9 分）

(1)借:主营业务收入　　1300000
　　其他业务收入　　20000
　　投资收益　　16000
　　营业外收入　　7640
　贷:本年利润　　1343640
借:本年利润　　1103640
　贷:主营业务成本　　1000000
　　其他业务成本　　17000
　　营业税金及附加　　15000
　　销售费用　　18000
　　管理费用　　30000
　　财务费用　　12000
　　资产减值损失　　6000
　　营业外支出　　5640

(2)12 月份的利润总额＝1343640－1103640＝240000(元)

12 月份应交企业所得税＝240000×25％＝60000(元)

借:所得税费用　　60000
　贷:应交税费——应交所得税　　60000

(3)2009 年度净利润＝240000－60000＋1320000＝1500000(元)

(4)2009 年提取法定盈余公积＝1500000×10％＝150000(元)

2009 年提取任意盈余公积＝1500000×20％＝300000(元)

2009 年年末未分配利润＝2800000＋1500000－150000－300000－600000＝3250000(元)

七、会计应用题(10 分)

1. 材料明细账:

材料名称:甲　　　　　　　　　　　　　　　　　　　　　　　　　单位:公斤

××年		凭证编号	摘要	收入			发出			结存		
月	日			数量	单价	金额	数量	单价	金额	数量	单价	金额
6	1	××	月初余额							500	1.10	550
	2	××	购入	400	1.15	460				500 400	1.10 1.15	550 460
	5		领用				500 200	1.10 1.15	550 230	200	1.15	230
	7		购入	400	1.25	500				200 400	1.15 1.25	230 500
	13		购入	200	1.40	280				200 400 200	1.15 1.25 1.40	230 500 280
	16		领用				200 400	1.15 1.25	230 500	200	1.40	280
	19		购入	300	1.50	450				200 300	1.40 1.50	280 450
	23		购入	600	1.55	930				200 300 600	1.40 1.50 1.55	280 450 930
	25		领用				200 300	1.40 1.50	280 450	600	1.55	930
	30		购入	100	1.60	160				600 100	1.55 1.60	930 160
			合计	2000	—	2780	1800	—	2240	700	—	1090

2. 借:生产成本　　　　　　　　　　　　　　　　　2240

　　贷:原材料　　　　　　　　　　　　　　　　　　2240

3. 账实核对的结果为甲材料盘亏 20 公斤,金额为 31 元。

借:待处理财产损溢　　31

　贷:原材料　　31

借:管理费用　　31

　贷:待处理财产损溢　　31

4. 由于物价持续上涨,按先进先出法计算的发出存货成本小,本月的利润将会增加。

《会计学》模拟试卷(二)

一、填空题(每空1分,共10分)

1. 企业所有者权益包括__________、资本公积、__________和__________。

2. 企业的长期股权投资,在持续持有期间内,根据对被投资单位的影响程度等情况的不同,有两种核算方法:一是__________;二是__________。

3. 非流动负债主要包括__________、__________和长期应付款等。

4. 利润表是反应企业________________的会计报表。

5. 企业一般应按月初拥有的固定资产提取折旧,当月增加的固定资产,当月__________;当月减少的固定资产,当月__________。

二、单项选择题(每题1分,共10分)

1. 下列各项中,不属于负债的会计科目是(　　)。

A. 应付账款　　B. 其他应付款

C. 预付账款　　D. 预收账款

2. 企业将未到期的应收票据予以贴现,其贴现利息应记入(　　)账户。

A. 管理费用　　B. 销售费用

C. 财务费用　　D. 制造费用

3. 企业无法支付到期的商业承兑汇票时,应当进行的会计处理是(　　)。

A. 转作应付账款　　B. 转作短期借款

C. 转作营业外收入　　D. 转作其他应付款

4. 选择计量属性是会计核算的基础，一般情况下，日常核算应选择的计量属性是(　　)。

A. 公允价值　　B. 可变现净值

C. 现值　　D. 历史成本

5. 企业出售固定资产取得的净收入，属于(　　)。

A. 主营业务收入　　B. 其他业务收入

C. 投资收益　　D. 营业外收入

6. 为建造厂房所借入的长期借款，在该工程完工达到预定可使用状态之前发生的利息支出应借记的会计账户是(　　)。

A. "制造费用"　　B. "在建工程"

C. "固定资产"　　D. "财务费用"

7. 对固定资产提取折旧时采用加速折旧法比采用直线折旧法(　　)。

A. 使企业的资产净值增加利润增加

B. 使企业的资产净值减小利润增加

C. 使企业的资产净值增加利润减少

D. 使企业的资产净值减少利润减少

8. 预收账款不多的企业，可以不设置"预收账款"科目，而直接将预收的货款记入(　　)。

A. "应收账款"科目的借方　　B. "应收账款"科目的贷方

C. "应付账款"科目的借方　　D. "应付账款"科目的贷方

9. 有限责任公司增资扩股时，新介入的投资者缴纳的投资额大于其按投资比例计算的其在注册资本中所占的份额部分，应记人(　　)账户。

A. 实收资本　　B. 资本公积

C. 盈余公积　　D. 未分配利润

10. 企业用资本公积转增资本时，会引起所有者权益(　　)。

A. 增加　　B. 减少

C. 不变　　D. 既可能增加，也可能减少

三、多项选择题(下列各题有两个或两个以上符合题意的正确答案，请将正确的答案填入括号内，本类题共 10 分，每题 2 分，错选、少选、多选均不得分)

1. 资产应具备的基本特征有(　　)。

A. 资产由企业过去的交易或事项形成

B. 资产是由企业拥有或控制的

C. 资产必须是投资者投入的

D. 资产预期能为企业带来经济利益

2. 下列各项固定资产，应当计提折旧的有　　(　　)

A. 闲置的固定资产

B. 单独计价入账的土地

C. 经营租出的固定资产

D. 已提足折旧仍继续使用的固定资产

3. 按现行制度规定，不能用“应收票据”及“应付票据”核算的票据包括(　　)。

A. 银行本票存款　　B. 银行承兑汇票

C. 银行汇票存款　　D. 商业承兑汇票

4. 企业采用备抵法对应收款项坏账进行核算，本期以下项目应计入“坏账准备”科目贷方的有(　　)。

A. 发生的坏账损失

B. 已经作为坏账核销的应收账款又收回

C. 期末估计坏账损失与调整前“坏账准备”科目借方余额的合计金额

D. 期末估计坏账损失小于调整前“坏账准备”科目贷方余额的差额部分

5. 下列各项工资中，不应由“管理费用”列支的有（　　）。

A. 生产人员工资　　B. 行政人员工资

C. 医务人员工资　　D. 车间管理人员工资

四、判断改错题（在每小题后面的括号内填入判断结果，正确的打√；错误的打×，说明原因并加以改正，每题 2 分，共 10 分）

1. （　　）只要实现了期初余额、本期发生额和期末余额的平衡关系，就说明账户记录正确。

2. （　　）股份有限公司“股本”账户的期末贷方余额为股票的发行价与发行股数之乘积。

3. （　　）收入不一定都表现为资产的增加，也可以表现为负债的减少。

4. （　　）存货的计价方法对企业损益的计算没有直接影响。

5. （　　）企业对于确实无法支付的应付账款，应冲减已计提的坏账准备。

五、会计分录题（共 40 分）

1. 华宇公司发生下列经济业务，编制相关会计分录。（30 分）

(1)收到某投资者对本企业投资 500000 元，款项已存入银行。

(2)购入材料一批，货款 30000 元，增值税 5100 元，材料已运达企业，货款尚未支付。

(3)职工马君因公出差，预借差旅费 8000 元，以现金支付。

(4)用现金购买办公用品 500 元，交企业管理部门使用。

(5)领用材料 80000 元，其中生产产品耗用 79000 元，车间一般耗用 560 元，厂部耗用 440 元。

(6)分配职工工资，其中生产工人工资 15000 元，车间管理人员工资 1000 元，厂部管理人员工资 2000 元。

(7)计提本月固定资产折旧费 7000 元，其中车间负担 5000 元，厂部负担 2000 元。

(8)完工产品一批，成本 52000 元，已验收入库。

(9)出售甲产品 100 台，单位售价 2000 元，增值税率 17%，收到一张 3 个月期的银行承兑汇票。

(10)以银行存款支付出售甲产品的运杂费和广告费 1560 元。

(11)月末，结转已销售产品的成本 90000 元。

(12)以银行存款支付前欠 M 公司的货款 351000 元。

(13)用银行存款向税务部门缴纳增值税 68000 元。

(14)计提本月短期借款利息 1800 元。

(15)本年按应收账款期末余额的 5% 计算应计提坏账准备 20000 元，上年末“坏账准备”账户贷方余额 5000 元，本年未发生坏账。

2. 2008 年 1 月 5 日 A 公司用银行存款购入乙公司普通股 600000 股，每股 10 元，占乙公司股本的 30%，打算长期持有。另付手续费 20000 元。2008 年乙公司实现净收益 700000 元。2009 年 4 月乙公司向股东分配股利 400000 元，已通过银行转账支付。2009 年乙公司发生亏损 100000 元。(10 分)

要求：(1)判断 A 公司应采用哪种方法核算长期股权投资。

(2)编制 A 公司购入股票时的会计分录。

(3)编制 A 公司按持股比例分享 2008 年乙公司净收益的会计分录。

(4)编制 A 公司收到股利的会计分录。

(5)编制 A 公司按持股比例承担 2009 年乙公司亏损的会计分录。

六、计算分析题(共 20 分)

1. 蓝田公司 2009 年 12 月 31 日部分资产、负债及所有者权益资料如下表所示：

金额单位:元

资产	金额	负债及所有者权益	金额
银行存款	26800	短期借款	48000
应收账款	35000	应付票据	65000
原材料	22000	预收账款	20000
库存商品	24000	应交税费	5000
长期股权投资	150000	长期借款	70000
固定资产	240000	实收资本	300000
		盈余公积	9800
		未分配利润	－20000
总计	497800	总计	497800

要求:(8 分)

(1)根据表中资料,计算并列出 2009 年 12 月 31 日会计等式。

(2)根据表中资料分别计算 2009 年 12 月 31 日的存货、流动资产、非流动资产及净资产的金额。(列出计算过程)

(3)计算2009年12月31日流动负债、长期负债的金额。

(4)回答下列问题:表中未分配利润项目“－20000元”反映的内容是(　　)

A. 本年末实现的利润　　B. 本年未分配的利润

C. 累计未弥补的亏损　　D. 本年12月份未实现的利润

2. 甲公司因急需资金,于6月8日将一张5月8日签发、期限为四个月、票面价值50000元的不带息商业汇票向银行贴现,年贴现率为10%。

要求:计算应收票据的贴现息、贴现额并编制相关会计分录。(6分)

3. 民兴公司2008年12月31日收到其开户银行转来的对账单一张,对账单的余额为127815元,企业的银行存款日记账余额为124050元。经核对,发现以下未达账项:

(1)企业已将收到的支票送存银行,金额2850元,但银行尚未入账。

(2)企业已开出支票但持票人尚未到银行办理兑付手续,金额2250元。

(3)银行划付的水电费135元,企业尚未收到付款通知。

(4)银行收到托收的货款4500元,企业尚未收到入账通知。

要求:根据以上有关内容,编制“银行存款余额调节表”。(6分)

银行存款余额调节表

20××年4月30日　　　　单位:元

项　　目	金　　额	项　　目	金　　额
企业银行存款日记账余额		银行对账单余额	
加:		加:	
减:		减:	
调节后余额		调节后余额	

《会计学》模拟试卷(二)参考答案

一、填空题(每空 1 分,共 10 分)

1. 实收资本　盈余公积　未分配利润　2. 成本法　权益法　3. 长期借款　应付债券　4. 在一定会计期间的经营成果　5. 不提折旧　照提折旧

二、单项选择题(每题 1 分,共 10 分)

1. C　2. C　3. A　4. D　5. D　6. B　7. D　8. B　9. B　10. C

三、多项选择题(每题 2 分,共 10 分)

1. ABD　2. AC　3. AC　4. BC　5. AD

四、判断改错题(每题 2 分,共 10 分)

1. ×　2. ×　3. √　4. ×　5. ×

五、会计分录题(共 40 分)

1. (30 分)

(1)借:银行存款　　500000

　　贷:实收资本　　500000

(2)借:原材料　　30000

应交税费——应交增值税(进项税额) 5100

贷:应付账款 35100

(3)借:其他应收款 8000

贷:库存现金 8000

(4)借:管理费用 500

贷:库存现金 500

(5)借:生产成本 79000

制造费用 560

管理费用 440

贷:原材料 80000

(6)借:生产成本 15000

制造费用 1000

管理费用 2000

贷:应付职工薪酬 18000

(7)借:制造费用 5000

管理费用 2000

贷:累计折旧 7000

(8)借:库存商品 52000

贷:生产成本 52000

(9)借:应收票据 234000

贷:主营业务收入 200000

应交税费——应交增值税(销项税额) 34000

(10)借:销售费用 1560

贷:银行存款 1560

(11)借:主营业务成本 90000

贷:库存商品 90000

(12)借:应付账款 351000

贷:银行存款 351000

(13)借:应交税费——应交增值税(已交税金) 68000

贷:银行存款　　68000

(14)借:财务费用　　1800

贷:应付利息　　1800

(15)借:资产减值损失　　15000

贷:坏账准备　　15000

2.(10 分)

(1)采用权益法

(2)借:长期股权投资　　6020000

贷:银行存款　　6020000

(3)借:长期股权投资　　210000

贷:投资收益　　210000

(4)借:银行存款　　120000

贷:长期股权投资　　120000

(5)借:投资收益　　30000

贷:长期股权投资　　30000

六、计算分析题(共 20 分)

1.(8 分)

(1)会计等式为:

资产(497800)=负债(208000)+所有者权益(289800)

(2)存货=22000+24000=46000(元)

流动资产=26800+35000+22000+24000=107800(元)

非流动资产=150000+240000=390000(元)

净资产=资产-负债=497800-208000=289800(元)

(3)流动负债=48000+65000+20000+5000=138000(元)

长期负债=70000(元)

(4)C

2.(6 分)

贴现息=50000×10%×3÷12=1250(元)

贴现净额＝50000－1250＝48750(元)

借:银行存款　　　　48750

　财务费用　　　　1250

　贷:应收票据　　　　50000

3.(6分)

银行存款余额调节表

20××年4月30日　　　　单位:元

项　目	金　额	项　目	金　额
企业银行存款日记账余额	124050	银行对账单余额	127815
加:银收企未收	4500	加:企收银未收	2850
减:银付企未付	135	减:企付银未付	2250
调节后余额	128415	调节后余额	128415

《会计学》模拟试卷(三)

一、填空题(每空 1 分,共 10 分)

1. 会计核算的基本前提包括会计主体、持续经营、__________和____________。

2. ____________是对会计要素的具体内容进一步分类所形成的项目。

3. 核算坏账损失的方法有____________和____________两种。

4. 企业所有者权益在数量上等于________________________。

5. 收入按企业经营业务的主次不同,分为________________和__________________。

6. 公司制企业应当按照当年实现净利润的__________比例提取法定盈余公积。

7. 累计折旧是____________的调整账户。

二、单项选择题(每题 1 分,共 10 分)

1. 下列错误不能通过试算平衡检查出来的是(　　)。

A. 一笔经济业务应借应贷的金额不等

B. 一笔经济业务应借应贷的账户颠倒

C. 期初余额不等

D. 某一账户误将其期末借方余额记入贷方

2. 不通过其他货币资金核算的是(　　)。

A. 商业汇票　　　　B. 银行本票存款

C. 银行汇票存款　　　　D. 信用卡存款

3. 某企业在 2008 年 10 月 8 日销售商品 100 件，增值税专用发票上注明的价款为 20000 元，增值税额为 3400 元。企业为了及早收回货款而在合同中规定的现金折扣条件为：2/10，1/20，n/30（假定计算现金折扣时不考虑增值税）。如买方 2008 年 10 月 24 日付清货款，该企业实际收款金额应为（　　）元。

A. 22932　　　　B. 23000

C. 23166　　　　D. 23200

4. 某企业转让一台旧设备，取得价款 56 万元，发生清理费用 2 万元。该设备原值为 60 万元，已提折旧 10 万元。假定不考虑其他因素，出售该设备影响当期损益的金额为（　　）万元。

A. 4　　　　B. 6

C. 54　　　　D. 56

5. 某企业资产总额 300 万元，当发生下列经济业务后：(1)赊购商品 20 万元；(2)收到应收账款 30 万元存入银行；(3)用银行存款偿还银行借款 15 万元，其负债及所有者权益总计是（　　）。

A. 305 万元　　　　B. 365 万元

C. 325 万元　　　　D. 350 万元

6. 关于交易性金融资产的计量，下列说法中正确的是（　　）。

A. 应当按取得该金融资产的公允价值和相关交易费用之和作为初始确认金额

B. 应当按取得该金融资产的公允价值作为初始确认金额，相关交易费用在发生时计入当期损益

C. 资产负债表日，企业应将金融资产的公允价值变动计入当期所有者权益

D. 处置该金融资产时，其公允价值与初始入账金额之间的差额应确认为投资收益，不调整公允价值变动损益

7. 某企业 12 月 1 日所有者权益为 1000 万元，12 月份实现净利润 200 万元，提取盈余公积 20 万元，向投资者分配利润 50 万元。该

企业12月31日所有者权益为（　　）。

A. 1130万元　　　　B. 1220万元

C. 1200万元　　　　D. 1150万元

8. 企业收取的包装物押金及其他各种暂收款项时，应贷记（　　）科目。

A. 营业外收入　　　　B. 其他业务收入

C. 其他应付款　　　　D. 其他应收款

9. 下列各项中，体现谨慎性原则要求的是（　　）。

A. 无形资产摊销　　　　B. 应收账款计提坏账准备

C. 存货采用历史成本计价　　　　D. 当期销售收入与费用配比

10. 资产负债表中的应收账款项目是根据（　　）填列的。

A. 应收账款总账账户余额

B. 应收账款账户明细账账户余额

C. 预收账款明细账账户余额

D. 应收、预收账户明细账借方余额加计

三、多项选择题（下列各题有两个或两个以上符合题意的正确答案，请将正确的答案填入括号内，本类题共10分，每题2分，错选、少选、多选均不得分）

1. 收入确认的条件之一是经济利益很可能流入企业。下列各项中可以体现经济利益流入企业的具体形式有（　　）。

A. 应收账款增加　　　　B. 预收账款减少

C. 银行存款增加　　　　D. 库存现金减少

2. 下列各项，应通过"固定资产清理"科目核算的有（　　）。

A. 盘亏的固定资产　　　　B. 出售的固定资产

C. 报废的固定资产　　　　D. 损毁的固定资产

3. 下列各项中，能引起权益法核算的长期股权投资账面价值发生变动的有（　　）。

A. 被投资单位实现净利润

B. 被投资单位宣告发放股票股利
C. 被投资单位宣告发放现金股利
D. 被投资单位除净损益外的其他所有者权益变动

4. 企业销售商品缴纳的下列各项税费，计入“营业税金及附加”科目的有 ( )

A. 消费税　　B. 增值税
C. 教育费附加　　D. 城市维护建设税

5. 下列各项，构成企业留存收益的有( )。

A. 未分配利润　　B. 法定盈余公积
C. 任意盈余公积　　D. 资本公积

四、判断改错题(在每小题后面的括号内填入判断结果，正确的打√；错误的打×，说明原因并加以改正，每题 2 分，共 10 分)

1. ( )所有经济业务的发生，都会引起会计等式两边发生变化。

2. ( )由于有了持续经营假设，会计上才产生了权责发生制和收付实现制。

3. ( )永续盘存制由于“以存计销”，本期的财产发出数中除了正常耗用外，还有可能隐藏着出现差错，被贪污、盗窃、丢失、毁损等情况。

4. ( )对于某项预计使用年限为 5 年的固定资产，如果分别采用直线法和年数总和法计提折旧，则不论其原价、净残值是多少，第 3 年计提的折旧额相等。

5. ( )“应付职工薪酬”只核算企业的工资，发放给职工的其他报酬不在该科目核算。

五、会计分录题(共 40 分)

1. 根据下列某公司 10 月份发生的经济业务编制会计分录。(30 分)

(1)企业收到国家投资 250000 元,款项存入银行。

(2)企业从银行取得借款 50000 元,期限 3 个月,所得借款存入银行。

(3)仓库发出材料一批,共计 60500 元,其中,产品生产耗用 58000 元,车间一般消耗 1700 元,行政管理部门耗用 800 元。

(4)以银行存款向某公司预付购买材料的货款 10000 元。

(5)行政管理部门以现金购买办公用品一批,价值 280 元。

(6)职工王海出差回来报销差旅费 5850 元,退还 150 元(原先借款 6000 元)。

(7)计提本月固定资产折旧，其中，生产车间用固定资产 1600 元，行政管理部门用固定资产 1200 元，共计 2800 元。

(8)计算本月应计短期借款利息 750 元。

(9)结算本月应付职工薪酬。其中，生产工人薪酬 60000 元，车间管理人员薪酬 5000 元，行政管理人员薪酬 7000 元。

(10)月末，结转本月发生的制造费用 8300 元。

(11)结转本月完工入库的产成品成本 125000 元。

(12)盘亏设备一台，原价 3000 元，已提折旧 1200 元，经批准转作营业外支出。

(13)企业购买的原材料已验收入库，价款 30000，增值税 5100 元，扣除原来预付的 10000 元，企业用银行存款支付余款 25100 元。

(14)用银行存款购入A上市公司的股票5000股，每股买入价为18元，其中0.5元为已宣告但尚未分派的现金股利。另支付相关税费720元。

(15)月末A公司股票的每股市价下跌至16元。

2. 甲企业采用备抵法核算坏账损失，并按应收账款年末余额的5%计提坏账准备。2009年1月1日，甲企业应收账款余额为300000元，坏账准备余额为15000元。2009年度，甲企业发生了如下相关业务，为其编制会计分录。(10分)

(1)销售商品一批，增值税专用发票上注明的价款为500000元，增值税额为85000元，货款尚未收到。

(2)因某客户破产，该客户所欠货款10000元不能收回，确认为坏账损失。

(3)收回上年度已转销为坏账损失的应收账款8000元并存入银行。

(4)计算 2009 年末“应收账款”和“坏账准备”科目余额，并编制 2009 年末计提坏账准备的会计分录。

六、计算分析题(共 20 分)

1. 某企业 2009 年 3 月某材料有关的收、发、存的明细资料如下：

日期		摘要	收入			发出			结存		
月	日		数量(千克)	单价(元/千克)	金额(元)	数量(千克)	单价(元/千克)	金额(元)	数量(千克)	单价(元/千克)	金额(元)
3	1	余额							600	5	3000
3	3	购入	300	5.30	1590				900		
3	7	发出				500			400		
3	12	购入	200	6	1200				600		
3	16	发出				400			200		
3	24	购入	300	5.5	1650				500		
3	31	合计	800		4440	900			500		

要求：采用移动加权平均法计算发出材料的成本和月末结存材料的成本，并将计算结果记入材料明细账中。(6 分)

2. 甲公司对机器设备采用双倍余额递减法计提折旧。

2009 年 12 月 20 日,甲公司购入一台不需要安装的机器设备,价款 117000 元,增值税 19890 元,另支付运输费 2000 元,包装费 1000 元,款项均以银行存款支付。该设备即日起投入基本生产车间使用,预计可使用 5 年,预计净残值为 5000 元。

要求:(1)编制甲公司购入设备时的会计分录。

(2)分别计算甲公司 2010 年度至 2013 年度每年的折旧额。(6 分)

3. 华岳公司 2009 年度有关账户的累计发生额如下:(8 分)

单位:元

账户	1—12 月累计发生额
主营业务收入	525000
主营业务成本	273000
销售费用	42000
营业税金及附加	39900
其他业务收入	23100
其他业务成本	19950
制造费用	89250
管理费用	29400
财务费用	—1050
投资收益	63000
营业外收入	7560
营业外支出	15750
所得税费用	65710

要求：

(1)根据上述资料分别计算该公司的营业利润、利润总额和净利润(写出计算公式及过程)。

(2)根据上述资料及其有关计算结果回答下列问题：

①期间费用的合计金额是(　　)

A. 70350 元　　B. 89250 元

C. 110250 元　　D. 199500 元

②“财务费用”科目“－1050 元”表示什么意思?

③根据本题的数据资料形成的财务报表是(　　)

A. 2009 年度资产负债表　　B. 2009 年 12 月末资产负债表

C. 2009 年度利润表　　D. 2009 年 12 月利润表

《会计学》模拟试卷(三)参考答案

一、填空题(每空 1 分,共 10 分)

1. 会计分期　货币计量　2. 会计科目　3. 直接转销法　备抵法　4. 全部资产减去全部负债后的净额　5. 主营业务收入　其他业务收入　6. 10%　7. 固定资产

二、单项选择题(每题 1 分,共 10 分)

1. B　2. A　3. D　4. A　5. A　6. B　7. D　8. C　9. B　10. D

三、多项选择题(每题 2 分,共 10 分)

1. ABC　2. BCD　3. ACD　4. ACD　5. ABC

四、判断改错题(每题 2 分,共 10 分)

1. ×　2. ×　3. ×　4. √　5. ×

五、会计分录题(共 40 分)

1. 根据下列某公司 10 月份发生的经济业务编制会计分录。(30 分)

(1)借:银行存款　　　250000

　　贷:实收资本　　　　250000

(2)借:银行存款　　50000
　　贷:短期借款　　50000
(3)借:生产成本　　58000
　　　制造费用　　1700
　　　管理费用　　800
　　贷:原材料　　60500
(4)借:预付账款　　10000
　　贷:银行存款　　10000
(5)借:管理费用　　280
　　贷:库存现金　　280
(6)借:管理费用　　5850
　　　库存现金　　150
　　贷:其他应收款　　6000
(7)借:制造费用　　1600
　　　管理费用　　1200
　　贷:累计折旧　　2800
(8)借:财务费用　　750
　　贷:应付利息　　750
(9)借:生产成本　　60000
　　　制造费用　　5000
　　　管理费用　　7000
　　贷:应付职工薪酬　　72000
(10)借:生产成本　　8300
　　贷:制造费用　　8300
(11)借:库存商品　　125000
　　贷:生产成本　　125000
(12)借:营业外支出　　1800
　　贷:待处理财产损溢　　1800
(13)借:原材料　　30000

应交税费——应交增值税(进项税额)　　5100
贷:预付账款　　10000
银行存款　　25100
(14)借:交易性金融资产　　87500
应收股利　　2500
投资收益　　720
贷:银行存款　　90720
(15)借:公允价值变动损益　　7500
贷:交易性金融资产　　7500

2. (10 分)

(1)借:应收账款　　585000
贷:主营业务收入　　500000
应交税费——应交增值税(销项税额)　　85000
(2)借:坏账准备　　10000
贷:应收账款　　10000
(3)借:应收账款　　8000
贷:坏账准备　　8000
借:银行存款　　8000
贷:应收账款　　8000
(4)2009 年末应收账款余额＝300000＋585000－10000＋8000－8000＝875000(元)
坏账准备余额为＝15000－10000＋8000＝13000(元)
2009 年末应计提坏账准备＝875000×5%－13000＝30750(元)
借:资产减值损失　　30750
贷:坏账准备　　30750

六、计算分析题(共 20 分)

1. (6 分)

第一次加权平均成本＝(3000＋1590)/(600＋300)＝5.1(元)

第一次发出材料成本＝500×5.1＝2 550(元)

第二次购入材料后的加权平均成本＝(2040＋1200)/(400＋200)＝5.4(元)

第二次发出材料成本＝400×5.4＝2 160(元)

第三次购入材料后的加权平均成本＝(1080＋1650)/(200＋300)＝5.46(元)

本月发出材料成本＝2550＋2160＝4 710(元)

月末结存材料成本＝5.46×500＝2 730(元)

2.(6分)

(1)甲公司购入设备时

借:固定资产　　120000

　应交税费——应交增值税(进项税额)　　19890

　贷:银行存款　　139890

(2)年折旧率＝2/5×100%＝40%

2010年应提的折旧额＝120000×40%＝48000(元)

2011年应提的折旧额＝(120000－48000)×40%＝72000×40%＝28800(元)

2012年应提的折旧额＝(72000－28800)×40%＝43200×40%＝17280(元)

2013年应提的折旧额＝(43200－17280－5000)/2＝10460(元)

3.(8分)

(1)营业利润＝(525000＋23100)－(273000＋19950)－39900－42000－29400－(－1050)＋63000＝207900(元)

利润总额＝207900＋7560－15750＝199710(元)

净利润＝199710－65710＝134000(元)

(2)①A

②表示本年度利息收入大于利息费用的金额

③C

《会计学》模拟试卷(四)

一、单项选择题(每题 1 分,共 10 分)

1. (　　)是指与企业产品生产无直接关系,属于经营管理过程中发生的,不计入产品成本,而直接计入当期损益的费用。

A. 制造成本　　B. 制造费用
C. 费用　　D. 期间费用

2. 引起资产与负债同时减少的经济交易与事项是(　　)。

A. 以银行存款购入材料一批　　B. 以银行借款偿还应付账款
C. 将现金存入银行　　D. 以银行存款偿还银行借款

3. 某企业期初资产总额为 70 万元,权益总额为 70 万元。现接受捐赠一台全新固定资产,原值 20 万元。此时,企业资产总额为(　　)。

A. 80 万元　　B. 90 万元
C. 75 万元　　D. 85 万元

4. 下列资产负债表各项目中,不属于流动负债的是(　　)。

A. 预付账款　　B. 预收账款
C. 短期借款　　D. 一年内到期的非流动负债

5. 费用类账户,借方记录增加额,贷方记录减少额、转销额,期末将本期费用结转至(　　)账户,结转后期末余额为零。

A. 实收资本　　B. 资本公积
C. 盈余公积　　D. 本年利润

6. 某企业 2010 年末应收账款余额为 100 万元,当年赊销净额为 200 万元,该企业按应收账款余额百分比法估计坏账损失,估计的

坏账率为5%,则2010年末估计的坏账损失金额为(　　)

A. 10万元　　B. 5万元

C. 15万元　　D. 0

7. 甲企业购入A、B两种材料各1000公斤,总价款10000元(其中A材料6000元,B材料为4000元),以银行存款付讫。另用现金支付运输费3000元(运费按重量分摊)以及B材料的途中保险费1000元,材料已经验收入库,则计入B材料采购成本的为(　　)

A. 6000元　　B. 6500元

C. 4000元　　D. 5000元

8. 应收账款、应付账款的借方分别登记(　　)

A. 应收账款减少、应付账款增加

B. 同时增加

C. 应收账款增加、应付账款减少

D. 同时减少

9. 能使外购材料的期末存货成本接近市价的存货计价方法是(　　)

A. 先进先出　　B. 后进先出

C. 一次加权平均法　　D. 移动加权平均法

10. C公司某设备的原值为128000元,预计残值10000元,预计清理费用2000元,可使用5年,如果按双倍余额递减法计提折旧,第一年应计提的折旧为(　　)

A. 48000元　　B. 46400元

C. 51200元　　D. 56000元

二、多项选择题(下列各题有两个或两个以上符合题意的正确答案,请将正确的答案填入括号内,本类题共10分,每题2分,错选、少选、多选均不得分)

1. 下列业务中会影响资产负债上所有者权益金额大小的有(　　)

A. 计提盈余公积　　B. 盈余公积转增资本

C. 企业发生亏损　　D. 接受投资者投资

E. 偿还应付账款

2. 企业银行存款账面余额与银行对账单之间不一致的原因之一是存在未达账项，以下会使企业银行存款账面余额小于银行对账单余额的有（　　）。

A. 企业已收款入账，但银行尚未入账

B. 企业已付款入账，但银行尚未付款入账

C. 银行已收款入账，但企业尚未收款入账

D. 银行已付款入账，但企业尚未付款入账

3. 以下说法正确的是（　　）

A. 本期的期末余额即为下期的期初余额

B. 账户的余额一般与记录增加额的方向一致

C. 会计科目仅仅是对会计要素进行具体分类的项目名称

D. 会计科目与会计账户没有实质区别

4. 复式记账法的特点（　　）

A. 以“借”、“贷”为记账符号

B. 以“有借必有贷，借贷必相等”为记账规则

C. 广泛保持借贷平衡关系

D. 有助于了解经济业务的来龙去脉

5. 企业销售商品缴纳的下列各项税费，计入“营业税金及附加”科目的有（　　）

A. 消费税　　B. 增值税

C. 教育费附加　　D. 城市维护建设税

E. 印花税

6. 下列生产费用中，不应直接计入“生产成本”科目的有（　　）

A. 车间管理部门领用的原材料

B. 生产工人的工资

C. 生产车间水电费

D. 生产产品耗用的原材料

E. 机器设备的折旧费用

7. 以下关系式错误的是(　　)

A. 主营业务利润＝主营业务收入－主营业务成本

B. 营业利润＝主营业务利润＋其他业务利润－营业费用

C. 利润总额＝营业利润＋营业外收支净额＋投资收益

D. 净利润＝总利润－所得税

8. “其他应收款”是资产类账户,以下关于其说法正确的是(　　)

A. 贷方核算应收或暂付款的发生

B. 借方核算应收或暂付款的发生

C. 借方期末无余额

D. 借方期末余额表示应收或暂付款的实际数额

9. 下列项目中,投资企业应确认为投资收益的有(　　)。

A. 成本法核算下被投资单位实现净利润

B. 成本法核算下被投资企业宣告发放现金股利

C. 权益法核算下被投资企业宣告发放现金股利

D. 权益法核算下被投资单位发生亏损

10. 关于交易性金融资产的计量,下列说法中正确的有(　　)。

A. 应当按取得该金融资产的公允价值和相关交易费用之和作为初始确认金额

B. 应当按取得该金融资产的公允价值作为初始确认金额,相关交易费用在发生时计入当期损益

C. 资产负债表日,企业应将交易性金融资产的公允价值变动计入当期损益

D. 处置该金融资产时,其公允价值与初始入账金额之间的差额应确认为投资收益,不调整公允价值变动损益

三、判断改错题(在每题后面的括号内填入判断结果,正确的打√;错误的打×,说明原因并加以改正,每题1分,共10分)

1.（　　）在复试记账法下，“借”字具有双重含义，即它一方面可以表示资产的增加，另一方面可以表示负债、所有者权益的减少。

2.（　　）复式记账法下进行试算平衡时，若借贷双方不平衡，说明记账肯定是错误的；若借贷双方平衡了，说明记账没有错误。

3.（　　）投资者投入企业的资本，应该与企业约定偿还期，到期偿付。

4.（　　）工业企业出售原材料取得的款项扣除其成本及相关费用后的净额，应当计入营业外收入或营业外支出。

5.（　　）银行存款日记账和银行对账单余额不一致，肯定是记账出了错误。

6.（　　）企业在生产过程中发生的一笔非正常材料损失会影响当期营业利润的确定。

7.（　　）企业经营性出租固定资产，因为未被本企业使用，所以本企业不计提折旧。

8.（　　）现金日记账余额每天都要与库存现金实有数进行核对。

9.（　　）企业在开出的商业承兑汇票到期无力支付时，应当将应付票据所涉及金额转为应付账款

10.（　　）银行借款利息属于理财支出，均应计入财务费用。

四、业务题(共30分)

1. 大海公司为增值税一般纳税企业，适用的增值税税率为17%。2010年6月1日向天大公司销售某商品2000件，每件标价1000元，实际售价800元(售价中不含增值税额)，已开出增值税专用发票，商品已交付给天大公司。为了及早收回货款，大海公司在合同中规定的现金折扣条件为：2/10，1/20，N/30。假定现金折扣时不考虑增值税。

要求：

(1)编制大海公司销售商品时的会计分录(“应交税费”科目要求写出明细科目及专栏)。

(2)根据以下假定，分别编制大海公司收到款项时的会计分录。

①天大公司在6月9日按合同规定付款，大海公司收到款项并存入银行。

②天大公司在6月19日按合同规定付款，大海公司收到款项并存入银行。

③天大公司在6月25日按合同规定付款，大海公司收到款项并存入银行。

2. 长江公司 2005 年 12 月 31 日有关账户余额资料如下：

原材料：40000 元　　库存商品：62500 元

固定资产：320000 元　　累计折旧：55000 元

流动资产合计：188500 元　　短期借款：67000 元

流动负债合计：111500 元

要求：计算下列表内各项数字，并将结果填列下表：

资产负债表

编制单位：长江公司　　2005 年 12 月 31 日　　单位：元

资产	金额	负债及所有者权益	金额
存货		短期借款	
应收账款		应付账款	
流动资产合计		流动负债合计	
固定资产净值		所有者权益合计	
资产合计		负债及所有者权益合计	

3. 甲企业 2007 年发生固定资产业务如下：

(1)1 月 20 日，企业管理部门购入一台不需安装的 A 设备，发票上注明的设备价款为 643.5 万元，另发生运输费 4.5 万元，款项均以银行存款支付。

(2)A 设备经过调试后，于 1 月 22 日投入使用，预计使用 10 年，净残值为 35 万元，决定采用双倍余额递减法计提折旧。

(3)7 月 15 日，企业生产车间购入一台需要安装的 B 设备，发票上注明的设备价款为 702 万元，另发生保险费 8 万元，款项均以银行存款支付。

(4)8 月 19 日，将 B 设备投入安装，以银行存款支付安装费 3 万元。B 设备于 8 月 25 日达到预定使用状态，并投入使用。

(5)B 设备采用工作量法计提折旧，预计净残值为 35.65 万元，预计总工时为 5 万小时。9 月 B 设备实际使用工时为 720 小时。

假设上述资料外，不考其他因素。

要求：(答案中的金额单位用万元表示)

(1)编制甲企业 2007 年 1 月 20 日购入 A 设备的会计分录。

(2)计算甲企业 2007 年 2 月 A 设备的折旧额并编制会计分录。

(3)编制甲企业 2007 年 7 月 15 日购入 B 设备的会计分录。

(4)编制甲企业 2007 年 8 月安装 B 设备及其投入使用的会计分录。

(5)计算甲企业 2007 年 9 月 B 设备的折旧额并编制会计分录。

五、综合题(共30分)

根据朗能股份有限公司(增值税一般纳税人,增值税率17%)5月份发生的下列经济交易事项编制会计分录。

1. 月初接受投资者800000元的追加投资,款项已存入银行。

2. 以银行存款购入A材料40000元(不含税价格),另外发生运费5000元,用银行存款支付,材料已经验收入库。

3. 以银行存款250000元购入厂部管理部门用小轿车一台。

4. 企业生产甲产品耗用A材料42000元,生产乙产品耗用A材料34000元,生产车间一般性消耗A材料4000元,管理部门耗用A材料2000元。

5. 本月甲产品生产工人工资50000元,乙产品生产工人工资40000元,车间管理人员工资15000元,厂部管理人员工资16000元。

6. 计提本月固定资产折旧，其中生产车间固定资产折旧 42000 元，行政管理部门固定资产折旧 36000 元。

7. 本月发生制造费用 180000 元，按甲、乙两种产品的直接工资比例分配制造费用。

8. 本月完工入库甲产品 1500 件，单位生产成本 60 元，结转产品实际生产成本。

9. 职工张力出差，预借差旅费 8000 元，以现金支付。

10. 本期销售甲产品一批，售价 66000 元，增值税 11220 元，款项尚未收回。

11. 结转上述甲产品的销售成本 52000 元。

12. 以银行存款支付电台广告费 22000 元。

13. 对外销售 A 材料，售价 13000 元，款项尚未收到。

14. 结转上述所购材料的成本 4600 元。

15. 月末进行财产清查，发现 A 材料短缺 1720 元，经查是由保管员张明过失造成，经批准责成张明全额赔偿。

《会计学》模拟试卷(四)参考答案

一、单项选择题(每题1分,共10分)

1. D　2. D　3. B　4. A　5. D　6. B　7. B　8. C　9. A　10. C

二、多项选择题(每题2分,共20分)

1. CD　2. BC　3. ABC　4. ABCD　5. ACD　6. ACE　7. ABC　8. BD　9. BD　10. BC

三、判断改错题(每题1分,共10分)

1. √　2. ×　3. ×　4. ×　5. ×　6. ×　7. ×　8. √　9. √　10. ×

四、业务题(共30分)

1. (10分)

(1)大海公司销售商品时

借:应收账款　　1872000

　贷:主营业务收入　　1600000

　　　应交税费——应交增值税(销项税额)　　272000

(2)①天大公司在6月9日付款,享受32000的现金折扣(即1600000×2%)

借:银行存款　　1840000

财务费用　　32000

贷:应收账款　　1872000

②天大公司在6月19日付款,享受16000的现金折扣(即1600000×1%)

借:银行存款　　1856000

财务费用　　16000

贷:应收账款　　1872000

③天大公司在6月25日付款,不能享受折扣,应全额付款

借:银行存款　　1872000

贷:应收账款　　1872000

2.(10分)

资产负债表

编制单位:长江公司　　2005年12月31日　　单位:元

资产	金额	负债及所有者权益	金额
存货	102500	短期借款	67000
应收账款	86000	应付账款	44500
流动资产合计	188500	流动负债合计	111500
固定资产净值	265000	所有者权益合计	342000
资产合计	453500	负债及所有者权益合计	453500

3.(10分)

(1)借:固定资产　　648(643.5+4.5)

贷:银行存款　　648

(2)648×2/10/12=10.8(万元)

借:管理费用　　10.8

贷:累计折旧　　10.8

(3)借:在建工程　　710(702+8)

贷:银行存款　　710

(4)借:在建工程　　3
　　贷:银行存款　　3
　借:固定资产　　713
　　　贷:在建工程　　713

(5)(713－35.65)/5×720/10000＝9.75(万元)

　借:制造费用　　9.75
　　　贷:累计折旧　　9.75

五、综合题(共30分)

1. 借:银行存款　　800000
　　　贷:股本　　800000

2. 借:原材料——A材料　　45000
　　应交税费——应交增值税(进项税额)　　6800
　　贷:银行存款　　51800

3. 借:固定资产　　250000
　　贷:银行存款　　250000

4. 借:生产成本——甲产品　　42000
　　　　　——乙产品　　34000
　　制造费用　　4000
　　管理费用　　2000
　　　贷:原材料——A材料　　82000

5. 借:生产成本——甲产品　　50000
　　　　　——乙产品　　40000
　　制造费用　　15000
　　管理费用　　16000
　　贷:应付职工薪酬　　121000

6. 借:制造费用　　42000
　　管理费用　　36000
　　贷:累计折旧　　78000

7. 借:生产成本——甲产品 100000
——乙产品 80000
贷:制造费用 180000
8. 借:库存商品——甲产品 90000
贷:生产成本——甲产品 90000
9. 借:其他应收款——张力 8000
贷:库存现金 8000
10. 借:应收账款 77220
贷:主营业务收入 66000
应交税费——应交增值税(销项税额) 11220
11. 借:主营业务成本 52000
贷:库存商品——甲产品 52000
12. 借:销售费用 22000
贷:银行存款 22000
13. 借:银行存款 13000
贷:其他业务收入 13000
14. 借:其他业务成本 46000
贷: 原材料——A 材料 46000
15. 借:待处理财产损溢 1720
贷:原材料——A 材料 1720
借:其他应收款——张明 1720
贷:待处理财产损溢 1720

《会计学》模拟试卷(五)

一、单项选择题(每题 1 分,共 10 分)

1. 下列不属于我国基本财务报表的是(　　)

A. 资产负债表　　　　B. 利润表

C. 现金流量表　　　　D. 资产减值准备明细表

2. 下列交易使会计等式“资产=负债+所有者权益”两边同时变化的是(　　)

A. 企业以银行存款购买汽车

B. 企业以资本公积转增资本

C. 企业以银行存款归还贷款

D. 年末企业向投资者分配现金红利

3. 某企业期初资产总额为 70 万元,权益总额为 70 万元。现接受捐赠一台固定资产,原值 20 万元,已经计提累计折旧 5 万元。此时,企业资产总额为(　　)万元。

A. 80　　　　B. 90

C. 75　　　　D. 85

4. 企业购买一批材料,价款 12 万元,其中 7 万元用银行存款支付,5 万元尚未支付,该交易使得(　　)

A. 企业的资产总额增加 12 万元

B. 企业的负债总额增加 12 万元

C. 企业的所有者权益增加 7 万元

D. 全部错误

5. 收入类账户,贷方记录增加额,借方记录减少额、转销额,期末将本期收入结转至(　　)账户,结转后期末余额为零。

A. 实收资本　　　　B. 资本公积

C. 盈余公积　　　　D. 本年利润

6. 预收款不多的企业,可以将预收的货款直接记入(　　)的贷方,而不单独设置“预收账款”账户。

A. “应收账款”账户　　　　B. “其他应收款”账户

C. “应付账款”账户　　　　D. “预付账款”账户

7. 大海公司2011年6月25日购入一项固定资产,该项固定资产入账价值为200万元,预计使用年限5年,预计净残值为5万元,在采用年数总和法计提折旧的情况下,2011年该项固定资产应计提的折旧额为(　　)万元。

A. 32.5　　　　B. 65

C. 13　　　　D. 6.5

8. 有限责任公司在增资扩股时,新的投资者缴纳的出资额大于其在注册资本中所占份额的那部分数额应计入(　　)账户。

A. 实收资本　　　　B. 股本

C. 资本公积　　　　D. 盈余公积

9. 某股份有限公司2011年3月30日以每股12元的价格购入某上市公司的股票100万股,划分为交易性金融资产;另外支付相关手续费20万元,2011年5月20日收到该上市公司按照每股0.5元发放的现金股利,2011年12月31日,该股票的市价为每股12.5元。2011年12月31日该交易性金融资产的账面价值为(　　)万元。

A. 1250　　　　B. 1150

C. 1170　　　　D. 1220

10. 甲企业销售A产品每件250元,若客户购买100件(含100件)以上可得到10%的商业折扣。乙公司于2010年5月5日购买该企业产品200件,款项尚未支付。按规定现金折扣条件为2/10,1/20,n/30。适用的增值税税率为17%。甲企业于5月20日收到

该笔款项时，实际收到的金额为(　　)元。(假定计算现金折扣时不考虑增值税)

A. 52650　　B. 52660

C. 52200　　D. 900

二、多项选择题(下列各题有两个或两个以上符合题意的正确答案，请将正确的答案填入括号内，本类题共 10 分，每题 2 分，错选、少选、多选均不得分)

1. 企业的下列(　　)经济业务活动的原始数据能够纳入到会计信息系统予以处理。

A. 企业发行股票筹资 5000 万元

B. 企业召开增产计划会议，拟将下年度产量增至 50 万台

C. 企业以 300 万元的固定资产对外投资

D. 企业接受客户的商品订单，客户拟定货 20 万元

2. 下列各项与存货相关的费用中，应计入存货成本的有(　　)。

A. 材料入库前发生的挑选整理费

B. 材料采购过程中发生的装卸费用

C. 材料入库后发生的储存费用

D. 材料采购过程中发生的保险费

3. 以下说法正确的是(　　)

A. 本期的期末余额即为下期的期初余额

B. 账户的余额一般与记录增加额的方向一致

C. 会计科目仅仅是对会计要素进行具体分类的项目名称

D. 会计科目与会计账户没有实质区别

4. 复式记账法的特点(　　)

A. 以“借”、“贷”为记账符号

B. 以“有借必有贷，借贷必相等”为记账规则

C. 广泛保持借贷平衡关系

D. 有助于了解经济业务的来龙去脉

5. 按照准则规定，可以作为应收账款入账金额的项目有(　　)。

A. 销售商品取得的价款　　B. 增值税销项税额

C. 现金折扣　　D. 代垫运杂费

6. 企业下列(　　)项目可以作为企业的资产

A. 企业赊购的原材料

B. 企业以经营租赁方式租出的设备

C. 计划购买的汽车

D. 企业以融资租赁方式租入的固定资产

7. 必须具备购销合同的结算方式包括(　　)

A. 商业汇票　　B. 异地托收承付

C. 银行本票　　D. 汇兑

8. 企业计提固定资产折旧是以(　　)假设为前提的。

A. 会计主体　　B. 持续经营

C. 会计分期　　D. 货币计量

9. 未达账项，是指企业与银行双方收付款的入账时间不同而造成的一方已入账而另一方尚未入账的情形。站在银行的立场，为了调整未达账项，需要使"银行对账单"余额调整增加或减少(　　)

A. 银行已收，企业未收　　B. 企业已收，银行未收

C. 银行已付，企业未付　　D. 企业已付，银行未付

10. 下列业务中会影响资产负债表上资产总额大小变动的是(　　)

A. 用银行存款偿还负债

B. 用银行存款购买材料

C. 投资者向企业投入货币资金

D. 股份有限公司年底宣布向股东分配红利

三、判断改错题(在每小题后面的括号内填入判断结果，正确的打√；错误的打×，说明原因并加以改正，每题1分，共10分)

1.(　　)收入的取得既可能导致资产的增加，又可能导致负债的减少。

2.(　　)自然灾害造成的原材料损失应计入营业外支出。

3.(　　)按照会计岗位监督制度，出纳不得登记任何账簿，包括现金日记账。

4.(　　)购入材料时发生的入库前的挑选整理费用应计入管理费用。

5.(　　)企业出售原材料取得的款项扣除其成本及相关费用后的净额，应当计入营业外收入或营业外支出。

6.(　　)企业为客户提供的现金折扣应在实际发生时冲减当期收入。

7.(　　)对于月底尚未收到采购发票的业务，虽然所采购的材料已经收到，无需进行会计核算，到下月初收到发票后再入账。

8.(　　)在按照应收账款余额百分比法计提坏账准备时，坏账准备的发生额与应收账款余额成一定比例。

9.(　　)企业进行存货清查时，对于存货盘盈，应先计入“待处理财产损溢”账户，待期末或报经批准后计入“管理费用”账户。

10.(　　)企业在确定商品销售收入金额时，一般不应该考虑各种可能发生的现金折扣和销售折让。

四、会计分录题(共 20 分)

1. 甲上市公司发生下列长期股权投资业务。要求:根据下述资料,编制甲上市公司长期股权投资的会计分录。(答案中的金额单位用万元表示)(10 分)

(1)2010 年 1 月 5 日,购入乙公司股票 600 万股,占乙公司有表决权股份的 30%,对乙公司的财务和经营决策具有重大影响,甲公司将其作为长期股权投资核算。每股买入价 8 元,每股价格中包含已宣告但尚未发放的现金股利 0.3 元,另外支付相关税费 8 万元。款项均以银行存款支付。

(2)2010 年 3 月 10 日,收到乙公司宣告分派的现金股利。

(3)2010 年度,乙公司实现净利润 2500 万元。

(4)2011 年 2 月 10 日,乙公司宣告分派 2010 年度股利,每股分派现金股利 0.12 元。

(5)2011 年 3 月 12 日，甲上市公司收到乙公司分派的 2010 年度的现金股利。

2. 通达公司发生下列经济业务，编制相关会计分录。(10 分)

(1)收到股东投入的设备一台，双方确认价值 100000 元。

(2)以银行存款向大华公司预付购买材料定金 5000 元。

(3)采购员王军出差，借支差旅费 9000 元，用现金付讫。

(4)计提固定资产折旧，其中生产车间使用的固定资产为 6400 元，行政管理部门使用的固定资产折旧为 2000 元。

(5)收到银行转来的银行汇票存款余额 3200 元。

五、计算分析题(共 10 分)

1. 甲公司 2010 年 12 月份 A 商品有关收、发、存情况如下:

(1)12 月 1 日结存 100 件,单位成本为 2 万元。

(2)12 月 9 日购入 200 件,单位成本为 2 万元。

(3)12 月 11 日发出 200 件。

(4)12 月 18 日购入 300 件,单位成本为 2.1 万元。

(5)12 月 20 日发出 200 件。

(6)12 月 23 日购入 200 件,单位成本为 2.2 万元。

(7)12 月 31 日发出 300 件。

要求:

(1)用先进先出法计算 A 商品 2010 年 12 月份发出存货的成本和 12 月 31 日结存存货的成本。

(2)用移动加权平均法计算 A 商品 2010 年 12 月份发出存货的成本和 12 月 31 日结存存货的成本。

六、综合题(共20分)

大海公司2010年12月31日损益类账户结转“本年利润”账户前的余额如下：

主营业务收入	1200000元(贷)	销售费用	17000元(借)
其他业务收入	10000元(贷)	财务费用	10000元(借)
投资收益	15000元(借)	管理费用	20000元(借)
营业外收入	10000元(贷)	资产减值损失	5000元(借)
主营业务成本	900000元(借)	其他业务成本	8000元(借)
营业税金及附加	15000元(借)	营业外支出	4500元(借)

要求:(1)编制12月份损益类账户结转“本年利润”账户的会计分录。

(2)计算该公司12月份实现的利润总额:假定不涉及纳税调整事项,编制12月份提取所得税的会计分录。(注:企业所得税率为25%)

(3)编制12月份的利润表。

利　润　表

编制单位：大海公司　　2010年12月31日　　单位：元

项　　目	本期余额
一、营业收入	
减：营业成本	
营业税金及附加	
销售费用	
管理费用	
财务费用	
资产减值损失	
加：公允价值变动收益（损失以“－”号填列）	
投资收益（损失以“－”号填列）	
二、营业利润（亏损以“－”号填列）	
加：营业外收入	
减：营业外支出	
三、利润总额	
减：所得税费用	
四、净利润（净亏损以“－”号填列）	

(4)假定公司1－11月份的净利润为100万元，计算该公式2010年度全年实现的净利润。

(5)2010 年初公司未分配利润 2500000 元，本年度计划提取盈余公积 10%，任意盈余公积 20%，向股东分配利润 50000 元，计算 2010 年提取法定盈余公积、任意盈余公积以及年末未分配利润的金额，并编制会计分录。

《会计学》模拟试卷(五)参考答案

一、单项选择题(每题 2 分,共 20 分)

1. D　2. C　3. D　4. D　5. D　6. A　7. A　8. C　9. A　10. C

二、多项选择题(每题 2 分,共 20 分)

1. AC　2. ABD　3. ABC　4. ABCD　5. ABCD　6. ABD　7. AB　8. BC　9. BD　10. AC

三、判断改错题(10 分)

1. √　2. √　3. ×　4. ×　5. ×　6. ×　7. ×　8. ×　9. √　10. √

四、业务题(每题 2 分,共 20 分)

1. (10 分)

(1)借:长期股权投资——成本	4628	
应收股利	180	
贷:银行存款		4808
(2)借:银行存款	180	
贷:应收股利		180
(3)借:长期股权投资——损益调整	750	
贷:投资收益		750

(4)借:应收股利　　72

　　贷:长期股权投资——损益调整　　72

(5)借:银行存款　　72

　　贷:应收股利　　72

2.(10分)

(1)借:固定资产　　100000

　　贷:实收资本　　100000

(2)借:预付账款　　5000

　　贷:银行存款　　5000

(3)借:其他应收款　　9000

　　贷:库存现金　　9000

(4)借:制造费用　　6400

　　　管理费用　　2000

　　贷:累计折旧　　8400

(5)借:银行存款　　3200

　　贷:其他货币资金　　3200

五、计算分析题(共10分)

(1)本月可供发出存货成本＝100×2＋200×2＋300×2.1＋200×2.2＝1670(万元)

本月发出存货成本＝(100×2＋100×2)＋(100×2＋100×2.1)＋(200×2.1＋100×2.2)＝1450(万元)

本月月末结存存货成本＝1670－1450＝220(万元)

(2)12月9日购货的加权平均单位成本＝(100×2＋200×2)÷(100＋200)＝2(万元)

12月11日发出存货的成本＝200×2＝400(万元)

12月18日购货的加权平均单位成本＝(100×2＋300×2.1)÷(100＋300)＝2.075(万元)

12月20日发出存货的成本＝200×2.075＝415(万元)

12月23日购货的加权平均单位成本＝(200×2.075＋200×2.2)÷(200＋200)＝2.1375(万元)

12月31日发出存货的成本＝300×2.1375＝641.25(万元)

本月发出存货成本＝400＋415＋641.25＝1456.25(万元)

本月月末结存存货成本＝1670－1456.25＝213.75(万元)

六、综合题(共20分)

1. 借:本年利润　　994500

　　贷:主营业务成本　　900000

　　　　其他业务成本　　8000

　　　　营业税金及附加　　15000

　　　　销售费用　　17000

　　　　管理费用　　20000

　　　　财务费用　　10000

　　　　资产减值损失　　5000

　　　　投资收益　　15000

　　　　营业外支出　　4500

　借:主营业务收入　　1200000

　　　其他业务收入　　10000

　　　营业外收入　　10000

　　贷:本年利润　　1220000

2. 总利润＝1220000－994500＝225500元

　所得税费用＝225500×25%＝56375元

　借:所得税费用　　56375

　　贷:应交税费——应交所得税　　56375

　借:本年利润　　56375

　　贷:所得税费用　　56375

3.

利 润 表

编制单位:大海公司　　2010 年 12 月 31 日　　单位:元

项　　目	本期余额
一、营业收入	1210000
减:营业成本	908000
营业税金及附加	15000
销售费用	17000
管理费用	20000
财务费用	10000
资产减值损失	5000
加:公允价值变动收益(损失以"－"号填列)	0
投资收益(损失以"－"号填列)	－15000
二、营业利润(亏损以"－"号填列)	220000
加:营业外收入	10000
减:营业外支出	4500
三、利润总额	225500
减:所得税费用	56375
四、净利润(净亏损以"－"号填列)	169125

4. 2010 年全年净利润为＝169125＋1000000＝1169125(元)

法定盈余公积＝1169125×0.1＝116912.5(元)

任意盈余公积＝1169125×0.2＝233825(元)

年末未分配利润＝2500000＋1169125－116912.5－233825－50000＝3268387.5(元)

借:利润分配　　400737.5

　贷:盈余公积——法定盈余公积　　116912.5

　　　　　——任意盈余公积　　233825

　　应付利润　　50000

图书在版编目(CIP)数据

会计学辅导 / 罗金明，胡霞主编. — 杭州：浙江工商大学出版社，2011.12(2020.9 重印)
ISBN 978-7-81140-456-2

Ⅰ. ①会… Ⅱ. ①罗… ②胡… Ⅲ. ①会计学—高等学校—教学参考资料 Ⅳ. ①F230

中国版本图书馆 CIP 数据核字(2011)第 278696 号

会计学辅导

罗金明　胡　霞　主编

责任编辑　郑　建
封面设计　包建辉
责任印制　包建辉
出版发行　浙江工商大学出版社
（杭州市教工路 149 号　邮政编码 310012）
（E-mail:zjgsupress@163.com）
（网址:http://www.zjgsupress.com）
电话:0571-88823703,88831806(传真)
排　　版　杭州朝曦图文设计有限公司
印　　刷　广东虎彩云印刷有限公司绍兴分公司
开　　本　850mm×1168mm　1/32
印　　张　10
字　　数　267 千
版 印 次　2012 年 1 月第 1 版　2020 年 9 月第 8 次印刷
书　　号　ISBN 978-7-81140-456-2
定　　价　24.00 元

版权所有 翻印必究　印装差错 负责调换

浙江工商大学出版社营销部邮购电话　0571-88904970